Jamil Mohammed Hamodi

Implantação de IPTV em redes WiMAX

Jamil Mohammed Hamodi

Implantação de IPTV em redes WiMAX

ScienciaScripts

Imprint
Any brand names and product names mentioned in this book are subject to trademark, brand or patent protection and are trademarks or registered trademarks of their respective holders. The use of brand names, product names, common names, trade names, product descriptions etc. even without a particular marking in this work is in no way to be construed to mean that such names may be regarded as unrestricted in respect of trademark and brand protection legislation and could thus be used by anyone.

Cover image: www.ingimage.com

This book is a translation from the original published under ISBN 978-3-659-86688-3.

Publisher:
Sciencia Scripts
is a trademark of
Dodo Books Indian Ocean Ltd. and OmniScriptum S.R.L publishing group

120 High Road, East Finchley, London, N2 9ED, United Kingdom
Str. Armeneasca 28/1, office 1, Chisinau MD-2012, Republic of Moldova, Europe
Managing Directors: Ieva Konstantinova, Victoria Ursu
info@omniscriptum.com

Printed at: see last page
ISBN: 978-620-8-56825-2

ÍNDICE DE CONTEÚDOS

DEDICAÇÃO

Dedico esta dissertação com todo o meu amor aos meus pais, à minha mulher, às minhas duas filhas (Raneem e Rassel), aos meus irmãos e às minhas irmãs.

filhas (Raneem e Rassel), aos meus irmãos e às minhas irmãs.

&

Ao meu orientador, o Dr. Ravindra C. Thool, que faleceu pouco antes da apresentação deste trabalho.

PREFÁCIO

A implantação da IPTV (televisão móvel) pelas empresas de telecomunicações em todo o mundo torna-se uma série de questões operacionais únicas, e espera-se que um dos tópicos de maior interesse na investigação recente sejam os principais geradores de receitas no futuro e a eficiência da transmissão de vídeo através da tecnologia de 4ª geração. A transmissão de vídeo tornou-se uma aplicação fundamental nas tecnologias de quarta geração. No entanto, a comunicação de vídeo através de redes sem fios de banda larga enfrenta várias dificuldades que resultam das flutuações das condições do canal sem fios. O desafio da difusão múltipla de vídeo através de redes sem fios reside muito provavelmente nas condições do canal de cada utilizador no mesmo grupo de difusão múltipla, que provavelmente não são idênticas devido à localização do utilizador e/ou ao congestionamento da rede.

Esta dissertação melhorou a QoS e a eficiência da transmissão de IPTV em redes WiMAX móveis. Este trabalho de investigação envolve um trabalho metódico que lida com todos os níveis, desde os requisitos da aplicação, requisitos de QoS, até ao sistema de comunicação, onde a adaptação optimizada é considerada a técnica mais crítica. No entanto, os receptores heterogéneos, a degradação graciosa em multicast e a eficiência espetral foram considerados nesta investigação. Este trabalho apresenta um estudo comparativo de simulação de IPTV (TV móvel) em redes WiMAX móveis, realizado com vários tipos de esquemas de modulação fixa e adaptativa, tendo em conta parâmetros-chave do sistema e do ambiente, incluindo vídeo em tempo real codificado por diferentes codecs de vídeo (MPEG-4, H.264/AVC e SVC), variação da velocidade do telemóvel, mobilidade aleatória, perda de percurso e também diferentes tipos de classes de serviço de programação. Os resultados da simulação indicam que o esquema de modulação de adaptação dinâmica, juntamente com esquemas de modulação mais elevados, pode proporcionar uma QoS significativamente mais elevada e, ao mesmo tempo, reduzir a largura de banda global do sistema.

Além disso, a exigência de serviços de vídeo em tempo real e a necessidade de maior eficiência espetral levaram à introdução da difusão múltipla de vídeo nos sistemas

OFDMA da próxima geração (4G). Nesta dissertação, foi proposto um esquema eficiente de adaptação do multicast de vídeo para o streaming de vídeo codificado em camadas em redes WiMAX móveis, que melhora a qualidade de vídeo de utilizadores heterogéneos, apesar das condições de rede variáveis. O melhoramento da qualidade de vídeo é efectuado através da maximização do débito, considerando a redução da taxa de bits, e este melhoramento é efectuado através da redução da possibilidade de perda de imagens I e P. Os resultados apresentados neste trabalho incidem principalmente na utilização de um esquema agressivo como limiar para o agrupamento de utilizadores. Além disso, esta questão existente delineou o sistema de multicast com o esquema FEC da camada de aplicação. O trabalho de investigação e os resultados apresentados neste trabalho centram-se principalmente na implementação do fluxo de vídeo codificado por vídeo escalável (SVC) em tempo real para modelação e também simulação de vídeo multicasting em camadas em redes WiMAX móveis. Os resultados da simulação indicam que a qualidade de vídeo é melhorada para numerosos utilizadores, especialmente os utilizadores na extremidade da célula, com um tráfego de vídeo de taxa de bits reduzida.

Finalmente, foi proposto um esquema eficiente de programação de vídeo multicasting com um esquema de modulação adaptável para transmitir streaming de vídeo codificado em camadas em redes WiMAX móveis com base na distribuição dos utilizadores em diferentes qualidades de canal. Maximizámos o rendimento de todos os utilizadores com base na qualidade do canal, adaptando os MCSs. Ao mesmo tempo, a programação da camada de base e das camadas de melhoramento é transmitida de acordo com a distribuição dos utilizadores para melhorar a qualidade do vídeo. Com base nos resultados obtidos na simulação, o esquema proposto, baseado na distribuição dos utilizadores, permite poupar 57% do espetro de rádio em comparação com a abordagem existente. Este esquema eficiente pode ser uma solução prática para os utilizadores móveis e os operadores pouparem espetro. Assim, os telemóveis podem melhorar a sua qualidade de vídeo, bem como obter uma elevada utilização dos recursos do sistema, utilizando estas poupanças no espetro.

Nanded (M. S.), Índia **Jamil Mohammed Hamodi**

março de 2016

AGRADECIMENTOS

Agradeço a Alá (SWT) por me ter concedido a orientação, a paciência, a saúde e a determinação necessárias para realizar este trabalho com êxito.

Gostaria de expressar o meu profundo agradecimento à pessoa que tornou este projeto mais especial e valioso: o meu orientador, o Dr. Ravindra C. Thool, pela sua ajuda constante, orientação, encorajamento e apoio inestimável. A sua orientação e o seu encorajamento ajudaram-me a desenvolver um grande entusiasmo e respeito pela investigação. Os seus comentários e sugestões astutas melhoraram imenso a qualidade do meu trabalho.

Gostaria de agradecer ao meu supervisor responsável, Dr. L. M. Waghmare, Diretor do S.G.G.S. Institute for Engineering and Technology, Nanded, pela sua ajuda constante, orientação e apoio inestimável. De igual modo, são devidos muitos agradecimentos ao Dr. S. T. Hamde, Diretor de I&D, pela sua ajuda constante e apoio inestimável. Os meus agradecimentos especiais são devidos aos departamentos de Tecnologia da Informação e de Ciência e Engenharia Informática por me terem proporcionado instalações durante o meu trabalho de investigação. Gostaria também de agradecer à Universidade de Hodeidah por me ter patrocinado durante a minha investigação de doutoramento na Universidade Swami Ramanand Teerth Marathwada, Nanded, Maharashtra, Índia.

Gostaria também de agradecer aos meus pais, à minha mulher e às minhas duas filhas que sempre me apoiaram com o seu amor, paciência, encorajamento e orações constantes. Gostaria de agradecer aos meus irmãos e irmãs pelo seu amor e apoio ao longo do meu estudo.

Por último, gostaria de agradecer a todos os meus amigos, sobretudo àqueles que me ajudaram nesta tese. Um agradecimento especial ao Dr. Tawfik Abdo Saleh e ao Sr. Najeeb Washaly pelos seus comentários e encorajamentos.

ABREVIATURAS

3G	Third Generation
3GPP	Third Generation Partnership Project
4G	Fourth Generation
AMC	Adaptive Modulation and Coding
ASN	Access Service Network
ASN-GW	ASN Gateway
AVC	Advanced Video Coding
BE	Best Effort
BL	Base Layer
B frame	Bidirectional predicted frame
BLER	Block Error Rate
BS	Base Station
CBR	Constant Bit Rate
CC	Convolutional Coding
CIF	Common Intermediate Format
dB	Decibel
DL	Downlink
EL	Enhancement Layer
eMBMS	Enhanced MBMS
ertPS	extended real-time Polling Service
FDD	Frequency Division Duplex
FEC	Forward Error Correction
GoP	Group of Pictures
GW	Gate Way
HARQ	Hybrid Automatic Repeat request
IEEE	Institute of Electrical and Electronics Engineers
I frame	Intra-coded frame
IP	Internet Protocol
ITU	International Telecommunication Union
LTE	Long Term Evolution
MAC	Media Access Control

MBMS	Multimedia Broadcast Multicast Service
MCS	Modulation and Coding Scheme
MOS	Mean Opinion Score
MS	Mobile Station
MPEG	Motion Picture Experts Group
NLOS	NonLine of Sight
nrtPS	Non real time Polling Services
OFDM	Orthogonal Frequency Division Multiplexing
OFDMA	Orthogonal Frequency Division Multiple Access
OPNET	Optimized Network Engineering Tool
P frame	Predictive coded frame
PHY	Physical Layer
PSNR	Peak Signal to Noise Ratio
QAM	Quadrature Amplitude Modulation
QCIF	Quarter Common Intermediate Format
QVGA	Quarter Video Graphic Array
QoE	Quality of Experience
QoS	Quality of Service
QPSK	Quadrature Phase Shift Keying
RRM	Radio Resource Management
rtPS	Real-time Polling Services
SE	Spectral Efficiency
SINR	Signal to Interference- Noise Ratio
SNR	Signal to Noise Ratio
SVC	Scalable Video Coding
SS	Subscriber Station
TCP	Transmission Control Protocol
TDD	Time Division Duplex
UDP	User Datagram Protocol
VBR	Variable Bit Rate
VoD	Video on Demand
WiMAX	Worldwide Interoperability for Microwave Access

CAPÍTULO 1 INTRODUÇÃO

1.1 Visão geral

O sector das telecomunicações móveis registou uma melhoria impressionante na última década. As gerações anteriores de comunicações móveis tinham por objetivo produzir apenas uma comunicação de voz de alta qualidade, ao passo que a atual inovação tecnológica sem fios de quarta geração (4G) foi concebida para fornecer uma comunicação de vídeo e de voz de alta qualidade que podem coexistir. A acessibilidade a smartphones e tablets concebidos com as tecnologias de comunicação mais avançadas a um preço elevado, para além de uma grande cobertura do sistema sem fios nas situações mais recentes, oferece, por sua vez, um consumo de banda larga móvel de alta velocidade que ultrapassa a criatividade. O número de consumidores de 4G está a aumentar continuamente devido à sua capacidade de fornecer uma conetividade sem fios fiável e de alta velocidade. Espera-se que, até 2019, 26% da conetividade móvel mundial seja de consumidores 4G. Embora o fluxo de vídeo móvel exija mais taxas de bits do que outros tipos de conteúdo móvel, o vídeo móvel produzirá certamente um enorme crescimento do tráfego móvel até 2019. O vídeo móvel aumentará cerca de 69% entre 2014 e 2019, a maior taxa de crescimento da classificação das aplicações móveis prevista para além do tráfego M2M. Dos 24,3 Exabytes que passarão mensalmente pela rede móvel até 2019, 17,4 Exabytes serão provavelmente através de vídeo, como mostra a Figura 1.1 [1].

A Interoperabilidade Mundial para Acesso por Micro-ondas (WiMAX) inclui a família de padrões IEEE 802.16, que oferece acesso de banda larga móvel e fixa no cenário das telecomunicações. Essencialmente, o WiMAX é efetivamente utilizado como métodos de acesso de banda larga de última milha, contornando os preços consideráveis do sistema com o fornecedor de cabo, bem como as implantações DSL. Atualmente, o Fórum IEEE 802.16e introduziu o WiMAX nas redes móveis 4G em competição para personalizar o nível de necessidade dos clientes, instalações ricas em media. Por conseguinte, os fornecedores de tecnologias de comunicação estão a deparar-se com dificuldades acrescidas de concorrência para fazer face a este tipo de exigências dos utilizadores finais em desenvolvimento [2]. No entanto, a tecnologia WiMAX, que se encontra entre as soluções de rede sem fios de quarta geração (4G), fornece taxas de dados elevadas e é capaz de proporcionar uma elevada qualidade de serviço (QoS). Por conseguinte, o IEEE 802.16e foi publicado comercialmente para suportar diferentes tipos de serviços multimédia, como a videoconferência, os jogos de vídeo, para além da transmissão de televisão móvel. A estação de base WiMAX (BS) oferece uma área de cobertura muito variada, que pode ir até 50 km (30 milhas) para as estações fixas e de 5 a 15 km (3 a 10 milhas) para as estações móveis, com um débito de dados ótimo de até 70 Mbps [4- 6].

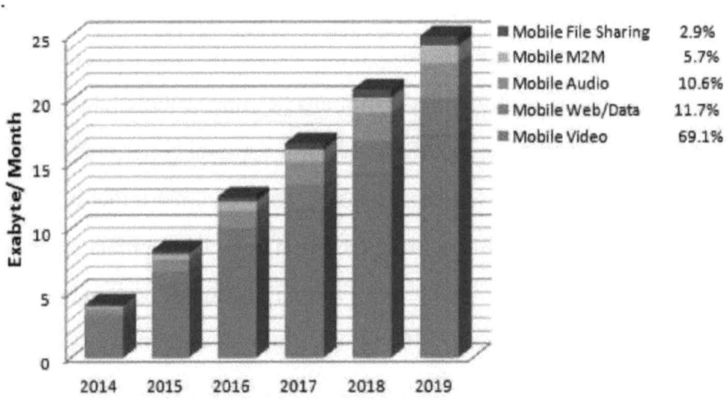

Figura 1.1: Tráfego de vídeo móvel em relação ao tráfego de dados móveis durante 2014-2019

Nas tecnologias de comunicação sem fios, a perceção comum obtida pelos equipamentos de consumo baseia-se numa série de questões, incluindo a distância entre o consumidor e as estações de base interferentes, a sombra log-normal, o expoente de perda de trajetória e o ruído e o desvanecimento. Para aumentar a capacidade do sistema, maximizar a taxa de dados e a precisão da cobertura, o sinal transportado através de certos consumidores é personalizado para se familiarizar com a variação da qualidade do sinal através de uma tarefa tipicamente conhecida como adaptação do canal. No WiMAX, a modulação adaptativa (AMC) muda automaticamente para evitar flutuações aleatórias da modulação de alta eficiência de largura de banda. A especulação da AMC provavelmente adapta dinamicamente o esquema de modulação atual do utilizador final, a fim de obter continuamente a maior eficiência espetral [7].

A principal questão para os sistemas de comunicação actuais e futuros é a capacidade de transferir conteúdos de vídeo através de várias redes, de forma rentável, em várias condições de canal e capacidades de largura de banda, com numerosas exigências de QoS [3]. Assim, a escalabilidade do vídeo é o principal fator para suportar meios de comunicação de alta qualidade em consumidores heterogéneos [8]. Normalmente, com base nos dados em tempo real e no feedback entre o recetor e o emissor, a adaptação é feita ao ritmo da fonte. Em contrapartida, os fluxos escaláveis permitem a capacidade de adaptação não só nos utilizadores finais. Mas também em empresas intermédias. No entanto, o canal sem fios com maior flutuação efectua uma adaptação robusta da taxa. A codificação de vídeo escalável (SVC) é a extensão do H.264/AVC, que proporciona uma escalabilidade preferencial, bem como uma eficiência de alta qualidade.

O multicast sem fios é uma técnica eficiente para suportar serviços multimédia através de diferentes meios sem fios. As dificuldades em fornecer vídeo multicast através de redes sem fios seriam certamente a diferenciação de cada utilizador final nas condições do canal num grupo multicast semelhante, o que se deve à localização específica do utilizador final e/ou ao congestionamento da rede. No WiMAX móvel, o BS codifica o fluxo de vídeo através do pior perfil de rajada robusto em torno do grupo de multicast, garantindo que todos os consumidores do grupo possam obter uma qualidade de vídeo semelhante. Por conseguinte, quanto maior for o número de consumidores no grupo, mais complicada será a codificação do fluxo de vídeo. Assim, serão consumidos mais recursos para transferir os dados equivalentes. A flutuação da qualidade do vídeo ao longo do tempo pode dificultar consideravelmente a implantação efectiva do serviço de vídeo multicasting no WiMAX.

1.2 Motivação

Prevê-se que o streaming de vídeo sem fios seja um dos muitos geradores de receitas para os actuais e futuros sistemas de banda larga móvel. Em comparação com os serviços de voz e de dados, a transmissão de vídeo através de sistemas sem fios é o grande problema que se prende com as elevadas necessidades de largura de banda em combinação com o atraso sensível do vídeo real. Recentemente, a União Internacional das Telecomunicações (UIT) preferiu o LTE-Advanced e também o WiMAX como tecnologias 4G [10]. No entanto, a prestação de serviços multimédia através de tecnologias 4G depara-se com dificuldades únicas em comparação com as actuais redes com fios.

Ao contrário das redes por cabo, nas redes móveis a qualidade do canal muda através da rede. As redes móveis devem suportar receptores heterogéneos com várias capacidades de processamento e visualização. Assim, o quadro de transmissão de vídeo para redes móveis deve ser altamente adaptável às capacidades dos dispositivos móveis e às condições da rede.

1.3 Objectivos do estudo

Os principais objectivos desta investigação podem ser resumidos da seguinte forma:

a. Fornecer um estudo comparativo do impacto da IPTV (TV móvel) sobre as redes WiMAX móveis com base em vários parâmetros, incluindo: diferentes codificações de vídeo, várias velocidades móveis, diferentes ambientes de perda de trajetória, bem como várias classes de serviços, tendo em conta várias técnicas de modulação fixas e adaptativas baseadas na localização móvel e nas condições do canal, bem como a identificação dos factores que afectam o desempenho do vídeo.

b. Desenvolver um esquema de vídeo multicasting adaptativo para a transmissão de vídeo em camadas, a fim de melhorar a qualidade do vídeo para receptores heterogéneos, tendo em conta as diferentes condições do canal de rede.

c. Desenvolver um esquema eficiente de adaptação da programação multicast para a transmissão de vídeo em camadas em redes WiMAX móveis em utilizadores distribuídos com qualidade de canal diversa, para melhorar a qualidade de vídeo dos utilizadores móveis, bem como o consumo do espetro utilizado.

Neste livro, investigamos os esquemas de adaptação e escalonamento no downlink do WiMAX móvel, empregando informações sobre a qualidade do link dos consumidores. A simulação foi usada para transmissão de vídeo SVC multicast em sistemas WiMAX. Em primeiro lugar, utilizámos uma estratégia metódica para atingir os objectivos acima referidos. O passo inicial é normalmente procurar uma ferramenta de simulação que permita a integração das diferentes partes do nosso modelo. Para tal, recorremos a algumas das ferramentas de simulação de comunicações disponíveis, como o Qualnet, o OPNET [11] e o NS-2. Neste trabalho, foi utilizado o OPNET, que suporta a norma WiMAX e também oferece uma interface gráfica de utilizador (GUI) de fácil utilização. É totalmente gratuito para fins de investigação. Além disso, o OPNET permite a simulação de traços baseada principalmente em vídeo.

1.4 Principais contributos

Neste trabalho, o streaming de vídeo SVC codificado em camadas é investigado para melhorar a qualidade de vídeo percebida pelos consumidores com um consumo mínimo de rendimento alcançável em redes WiMAX móveis. As principais contribuições deste trabalho são resumidas a seguir:

a. Apresentamos uma metodologia para a implantação da IPTV (TV móvel) como um novo serviço em redes móveis de banda larga (WiMAX), bem como um estudo exaustivo da implantação de um fluxo de vídeo em tempo real (TV móvel) em redes WiMAX móveis, incluindo informações sobre as caraterísticas e os requisitos dos novos serviços (IPTV) necessários para serem suportados nas nossas redes. Neste trabalho, procuramos responder às seguintes perguntas sobre uma implantação de IPTV em grande escala, que inclua TV fixa e móvel. Quais são os requisitos de QoS para o novo serviço que precisamos de implementar? Qual o efeito dos novos serviços (IPTV) na rede existente, considerando esquemas de modulação fixos e adaptativos? Estabelecemos um estudo comparativo da televisão móvel sobre o WiMAX móvel com base em diferentes parâmetros, incluindo velocidades móveis variáveis, mobilidade aleatória, utilizando diferentes modelos de perda de percurso, juntamente com várias classes de serviços, tendo em conta técnicas de modulação fixas e adaptativas, e identificando diferentes factores que afectam a eficiência do vídeo. Os resultados apresentados neste trabalho utilizaram filmes de áudio/vídeo em tempo real codificados por diferentes codecs de vídeo, tais como (MPEG-4, H.264/AVC e SVC) para modelar e simular a implantação da televisão móvel em redes WiMAX móveis em tempo real.

b. Foi proposto um esquema eficiente de adaptação da multicast de vídeo para a transmissão de vídeo em camadas através de WiMAX móvel, que melhora a qualidade de vídeo de receptores heterogéneos, para além de condições de rede variáveis. Para melhorar a qualidade do vídeo, reduz-se a taxa de bits do streaming de vídeo para melhorar a taxa de transferência. Os resultados apresentados neste trabalho incidem principalmente na utilização de um esquema agressivo como limiar para o agrupamento de utilizadores. Além disso, esta questão existente delineou o sistema multicast com o esquema FEC na camada de aplicação. O trabalho de investigação e os resultados obtidos durante este estudo centram-se principalmente na implementação de streaming de vídeo codificado por vídeo escalável (SVC) em tempo real para modelação e simulação de transmissão de vídeo multicast em camadas em redes WiMAX móveis. O objetivo é desenvolver algum tipo de estudo eficiente relacionado com a transmissão de vídeo multicasting em camadas em redes WiMAX móveis sob utilizadores heterogéneos, como forma de investigar e analisar o comportamento do cliente utilizando este esquema.

c. Foi apresentado um esquema eficiente de programação de multicast de vídeo com um esquema de modulação adaptável para a transmissão de streaming de vídeo em camadas em redes sem fios de banda larga (IEEE 802.16e), dependendo dos utilizadores distribuídos com várias qualidades de canal. Maximizamos o rendimento de todos os utilizadores distribuídos através da adaptação de esquemas de modulação. Ao mesmo tempo, melhorámos a qualidade do vídeo programando a transmissão da camada de base e das camadas de melhoramento. Com base nos resultados obtidos na simulação, 57% do espetro de rádio foi poupado com o nosso esquema proposto baseado na distribuição dos utilizadores, em comparação com a abordagem existente. Este esquema eficiente pode ser uma solução prática para os utilizadores móveis e os operadores pouparem espetro. Assim, os telemóveis podem melhorar a qualidade do vídeo e obter uma maior utilização dos recursos do sistema utilizando estas poupanças de espetro.

1.5 Organização do livro

Esta dissertação melhorou a QoS e a eficiência da transmissão de IPTV em redes WiMAX móveis. Este trabalho de investigação envolve um trabalho metódico que lida com todos os níveis, desde os requisitos da aplicação, os requisitos de QoS, até ao sistema de comunicação. Em particular, as questões relacionadas com o streaming de vídeo (IPTV) em sistemas WiMAX móveis foram identificadas e investigadas nos capítulos seguintes.

No Capítulo 2, apresentamos os antecedentes do streaming de vídeo em redes de acesso sem fios de banda larga (WiMAX). Descrevemos a arquitetura de rede de uma implantação típica de um serviço de fluxo contínuo de vídeo (IPTV) em redes sem fios de banda larga. Apresentamos os estudos de desempenho existentes sobre o fluxo contínuo de vídeo em WiMAX e descrevemos também os mecanismos actuais para o fluxo contínuo de vídeo escalável em redes WiMAX.

No capítulo 3, foi efectuado um estudo comparativo de simulação da IPTV em redes sem fios de banda larga com vários tipos de esquemas de modulação fixa e adaptativa, tendo em conta os principais parâmetros do sistema e do ambiente, incluindo codecs de vídeo em tempo real, velocidades móveis, mobilidade aleatória, perda de percurso e classes de serviço, para identificar os factores que afectam o desempenho do fluxo de vídeo.

No capítulo 4, propusemos um esquema eficiente de adaptação da difusão múltipla de vídeo, utilizando a transmissão de vídeo em camadas, que melhora a qualidade de vídeo para utilizadores heterogéneos em condições de rede variáveis. Este esquema de adaptação utiliza o fluxo de vídeo SVC em camadas para proporcionar uma qualidade de vídeo melhorada aos utilizadores heterogéneos. Os resultados da simulação observaram que a qualidade de vídeo melhorada para um maior número de utilizadores, especialmente para os utilizadores na extremidade da célula, reduz a taxa de bits do tráfego de vídeo.

No Capítulo 5, foi proposto um esquema eficiente de adaptação da difusão múltipla de vídeo em camadas em redes sem fios de banda larga, para a transmissão de fluxos de vídeo em camadas em redes WiMAX móveis, em função da distribuição dos utilizadores em canais de qualidade diversa. Esta abordagem foi definitivamente avaliada através do rácio de perda de pacotes (PLR) e do débito médio como métricas orientadas para o utilizador, bem como da eficiência espetral como métrica orientada para o sistema. Os resultados das simulações indicam que é possível poupar espetro na ordem dos 57% em vários cenários de distribuição de utilizadores, considerando este esquema proposto. Consequentemente, a qualidade de vídeo dos utilizadores móveis é melhorada e a utilização dos recursos do sistema é elevada quando se utilizam estas poupanças de espetro.

No Capítulo 6, abordamos e concluímos os nossos principais esforços e o seu impacto nesta área de investigação, para além de delinearmos o âmbito do trabalho futuro.

CAPÍTULO 2 ANTECEDENTES E TRABALHOS RELACIONADOS

Neste capítulo, apresentamos os antecedentes relacionados com o streaming de vídeo em redes de acesso sem fios de banda larga (WiMAX). Por outro lado, damos pormenores sobre a arquitetura de rede de um serviço comum de fluxo contínuo de vídeo (IPTV) implementado em redes WiMAX, juntamente com trabalhos relevantes nas áreas de um estudo de desempenho do fluxo contínuo de vídeo sobre WiMAX, bem como descrevemos as estratégias de multicast existentes para o fluxo contínuo de vídeo escalável em redes WiMAX.

2.1 Antecedentes e preliminares do WiMAX

Esta secção apresenta os antecedentes pertinentes do WiMAX, juntamente com as preliminares relativas às classes de serviço QoS da camada MAC e da camada física nas redes WiMAX móveis. A norma IEEE 802.16, ou talvez tão conhecida como WiMAX, é uma abreviatura de Worldwide Interoperability for Microwave Access (interoperabilidade mundial para o acesso por micro-ondas) e o seu próprio nome foi desenvolvido pelo Fórum WiMAX, criado em 2001 para facilitar a interpretação dos dispositivos IEEE 802.16. Teoricamente, uma estação de base WiMAX (BS) proporciona uma área de cobertura de cerca de 30 milhas (50 km) para as estações de assinante (SS) e também de 3 a 10 milhas (5 a 15 km) para as estações móveis (MS) com uma velocidade máxima de transmissão de dados de cerca de 70 Mbps [6, 22], ao contrário da WiFi, que oferece cerca de 54 Mbps por 100 metros, da Enhanced Data Rates for Global Evolution (EDGE), que oferece cerca de 384 kbps por alguns km, ou talvez da Code-Division Multiple Access 2000 (CDMA 2000), que oferece cerca de 2 Mbps por vários km [3, 4]. A figura 2.1 apresenta a seguinte arquitetura de referência do WiMAX móvel.

O R1 refere-se exatamente à interface do utilizador das EM (camadas MAC e PHY) com a BS, embora o R2 seja uma interação óbvia entre a EM e a CSN, que dá instruções aos fornecedores de mobilidade, autenticação e gestão da configuração. R3 lida com assistência AAA, tunelamento IP juntamente com a execução de políticas. O R5 gere o controlo e os protocolos do plano portador entre as CSN de origem e de itinerância.

R6 é o protocolo de controlo e de suporte utilizado entre as comunicações BS e ASN-GW. A transmissão inter-BS é identificada por uma parte dos protocolos do plano de controlo e do plano de suporte para satisfazer a transferência rápida de transferência. A figura 2.2 apresenta a ligação de acesso WiMAX, que descreve as categorias de comunicações fixas, nómadas (frequentemente designadas por pedestres) e como telemóveis, em que as estações de assinante podem consistir em redes de escritórios residenciais ou portáteis facilmente transportáveis.

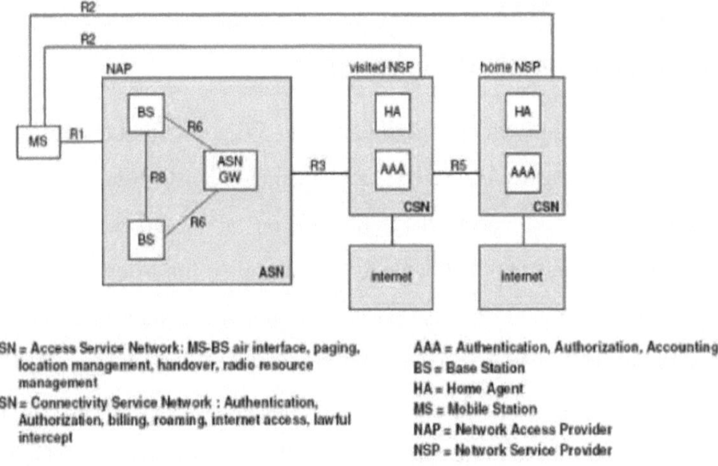

Figura 2.1: Arquitetura de referência da rede WiMAX [23]

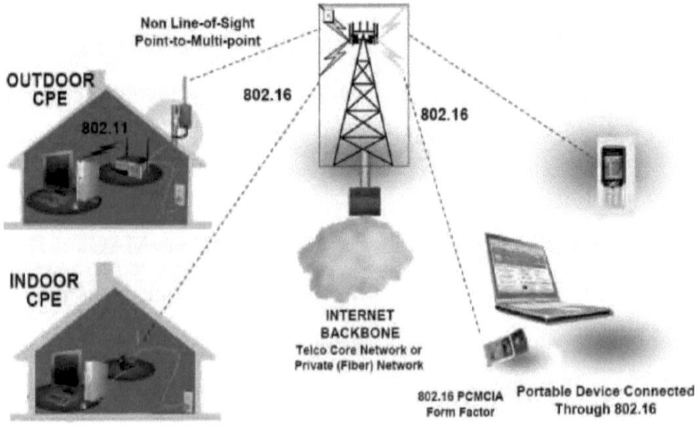

Figura 2.2: Esquemas de ligação de acesso WiMAX

2.1.1 Camada física WiMAX:

A camada física (PHY) do WiMAX baseia-se nas normas IEEE 802.16 [24, 25] e foi planeada com grande impacto a partir da norma IEEE 802.11a (Wi-Fi) [23]. Apesar do facto de inúmeras questões com estas duas técnicas diferirem devido à sua intenção e aplicação prática, entre as suas construções essenciais são incrivelmente equivalentes. Embora semelhante ao Wi-Fi, o WiMAX utiliza a multiplexagem por divisão de frequência ortogonal (OFDM) como método de multiplexagem, o WiMAX tem numerosos critérios pertencentes à camada física, por exemplo, o número de subportadoras, pilotos, bandas de guarda, etc., que são extremamente diferentes do Wi-Fi. No entanto, prevê-se que as duas técnicas funcionem de forma incompleta em vários ambientes.

Surgem quatro camadas PHY de normas, cada uma das quais pode ser utilizada com a camada MAC para estabelecer redes sem fios de banda larga. Entre estes quatro tipos de normas, utilizámos certamente o OFDMA Wireless-MAN, um PHY OFDMA baseado em FFT de 2 048 pontos para operações ponto-multiponto em circunstâncias NLOS a frequências entre 2 GHz e 11 GHz. No entanto, a camada PHY foi melhorada para SOFDMA (scalable OFDMA) nas especificações IEEE 802.16e, em que o tamanho da FFT é variável e pode assumir qualquer um dos seguintes valores: 128, 512, 1.024 e 2.408 [26]. O tamanho ajustável da FFT permite uma operação/implementação óptima do sistema em larguras de banda de estação consideráveis e também em condições de rádio. Esta camada PHY continua a ser aprovada pelo fórum WiMAX para operações portáteis e móveis, identificadas como WiMAX móvel.

A camada PHY do WiMAX suporta uma variedade de esquemas de modulação e de codificação e permite que o esquema mude de rajada em rajada com base nas condições do canal [26]; estes tipos de modulação são técnicas em que as ondas do fornecedor são empregues para transportar um sinal digital ou talvez informação. As modulações mais utilizadas são: QPSK, 16 QAM e 64 QAM, a seleção de uma destas modulações depende das tecnologias utilizadas, da qualidade do canal, do espaço e da potência eléctrica transferida.

A estação de base WiMAX (BS) é afetada por circunstâncias de serviço, espetro, interrupção de canal, a procura do utilizador, para além da QoS preferida, decide dinamicamente sobre uma estratégia de modulação. A modulação de ordem elevada, como o 64-QAM, apresenta um melhor rendimento, apesar do espetro de cobertura reduzido. A modulação de ordem inferior, por exemplo QPSK, garante um menor débito, mas uma melhor cobertura a partir da mesma BS.

O programador da estação de base tem normalmente em conta factores-chave, incluindo a qualidade do canal da ligação descendente e ascendente de cada utilizador, e atribui também o esquema de modulação adequado que aumenta o débito para cada relação sinal-ruído oferecida. Na ligação descendente, foi utilizado o feedback da qualidade do canal, o que permite que os Estados-Membros forneçam feedback à estação de base. No entanto, a estação de base pode estimar a qualidade do canal no canal de ligação ascendente com base na qualidade da rede obtida. O WiMAX OFDM dispõe de múltiplas subportadoras que variam entre um mínimo de 256 e um máximo de 2048, em que cada utilizador móvel individual é modulado por uma destas modulações: QPSK, 16 QAM, ou 64 QAM, enquanto 64 QAM está opcionalmente disponível no canal de uplink. A vantagem da ortogonalidade é geralmente a redução da auto-interferência, que é um método significativo para obter erros na obtenção de sinais nas comunicações sem fios.

Outro ponto da camada PHY no WiMAX são as técnicas de codificação de canal, que são geralmente úteis para ajudar a reduzir as necessidades de SNR, recuperando pacotes corrompidos que já se podem ter perdido devido a falhas de rajada ou mesmo à decisão de frequência sobre o desvanecimento. Este tipo de esquemas desenvolve bits redundantes para acompanhar os bits de informação durante a transferência através de um canal. Nas redes sem fios de banda larga, foram utilizados diferentes tipos de técnicas de codificação, incluindo a codificação por convolução (CC) e os códigos turbo tradicionais (CTC). No entanto, estas técnicas suportam taxas de codificação diferentes, que são a relação entre o tamanho do bloco codificado e o tamanho do bloco codificado. Estas taxas de codificação diferentes são (1/2, 2/3 e 3/4) e (1/2, 2/3, 3/4 e 5/6), respetivamente. A Tabela 2.1 demonstra a taxa mínima de sinal/ruído, bem como as taxas de dados de pico UL e DL no canal de 5 MHz do WiMAX móvel para um determinado esquema de modulação [2, 27].

Tabela 2.1: Taxa SINR no canal de 5 MHz Mobile WiMAX

Esquema de modulação	Codificação	Informação bits/símbolo	SINR mínimo (dB)	SINR médio recebido (dB)	Taxa de ligação descendente (Mbps)	Taxa de ligação ascendente (Mbps)
QPSK	½	1	5	9.4	3.17	2.28
	¾	1.5	8	11.2	4.75	3.43
16 QAM	½	2	10.5	16.4	6.34	4.57
	¾	3	14	18.2	9.5	6.85
64 QAM	½	3	16	22.7	9.5	6.85
	2/3	4	18	23.2	12.6	9.14
	¾	4	20	24.4	14.26	10.28

A camada PHY do WiMAX emprega ainda esquemas de modulação adaptativos de acordo com a multiplexagem ortogonal de frequências (OFDM), que lhe permite suportar vários consumidores de forma dividida no tempo e de forma round robin. No entanto, a modulação é uma técnica através de ondas do prestador de serviços que são amplamente utilizadas para transportar um sinal ou uma mensagem eletrónica digital. Os esquemas de modulação adaptativa aumentam consideravelmente a capacidade global do sistema, permitindo o compromisso entre o rendimento e também a robustez em cada ligação externa. Esta modulação adaptativa é utilizada para estabelecer a taxa de dados mais elevada possível para um determinado canal. A principal caraterística da modulação adaptativa é, normalmente, o facto de aumentar a área de cobertura sobre a qual deve ser considerada uma técnica de modulação mais elevada, uma vez que o sistema pode adaptar-se às condições reais de desvanecimento, em vez de possuir um esquema fixo que prevê definitivamente as piores condições possíveis [28].

Neste trabalho, foram considerados dois conjuntos de esquemas de adaptação e modulação (AMC), nomeadamente o AMC agressivo e o AMC conservador [29, 30], para serem utilizados em DL. Cada um dos AMC é essencialmente descrito por dois limiares, sendo o primeiro obrigatório e o segundo o limiar mínimo de entrada para várias técnicas de modulação. O limiar de saída obrigatório é o rácio sinal-ruído (SINR) igual ou inferior ao limiar em que este perfil de rajada já não pode ser aplicado e também em que é necessária uma mudança para um perfil de rajada mais robusto e o limiar mínimo de entrada é o SINR mínimo necessário para começar a utilizar este perfil de rajada quando se muda de um perfil de rajada mais robusto [31]. A Tabela 2.2 apresenta os perfis AMC desenvolvidos no nosso trabalho. No entanto, o AMC-2 é um AMC conservador que aplica geralmente MCS de ordem inferior.

Tabela 2.2: Perfis de Modulação e Codificação Adaptativas (AMC)

Esquemas de modulação e codificação	**AMC agressivo (AMC-1)**		**Conservador AMC (AMC-2)**	
	Saída obrigatória limiar (dB)	**Entrada mínima limiar (dB)**	**Saída obrigatória limiar (dB)**	**Entrada mínima limiar (dB)**
QPSK ½	-20	2.0	-20	2.0
QPSK ¾	5.0	5.9	11	11.9
16 QAM ½	8.0	8.9	14	14.9
16 QAM ¾	11	11.9	17	17.9
64 QAM ½	14	14.9	20	20.9
64 QAM 2/3	17	17.9	23	23.9
64 QAM ¾	19	19.9	25	25.9

Além disso, o WiMAX oferece várias larguras de banda de sinal, que variam entre 1,25 e 20 MHz, que permitem a transmissão numa área de cobertura mais longa em vários ambientes multipercurso. Nas tecnologias de comunicação móvel, a informação é transmitida entre o emissor sem fios e a antena do consumidor através de ondas electromagnéticas. Durante a propagação, as ondas electromagnéticas sofrem a influência do ambiente, o que resulta numa redução da intensidade do sinal. Uma outra razão que reduz o rendimento contínuo significativamente mais elevado nos sistemas sem fios, especialmente quando os utilizadores críticos têm mobilidade, deve-se às reflexões entre o emissor sem fios e o utilizador final, ou seja, uma via de propagação entre os emissores e o recetor considerado.

O percurso de propagação entre o transmissor sem fios e o recetor varia de uma linha de vista simples (LOS) para uma linha bastante complicada devido à difração, reflexão e dispersão [32]. Para analisar o desempenho global da televisão móvel em redes sem fios de banda larga, os modelos de perda de percurso ilustram a atenuação do sinal entre a antena transmissora e a antena recetora como um procedimento do alcance de propagação e vários critérios que contêm pormenores do perfil da paisagem que se espera analisar através da atenuação dos sinais. Os modelos de perda de trajetória simbolizam um par de equações matemáticas e algoritmos que podem ser utilizados na propagação de sinais de rádio em vários ambientes [33]. A perda de percurso é significativamente afetada pelo modelo de propagação, nomeadamente os modelos de propagação padrão: Espaço Livre, Fixo Suburbano (Erceg), Ambiente Exterior para Interior e Ambiente Pedestre e também Ambiente Veicular são descritos na Tabela 2.3. Estes tipos de modelos são utilizados para investigar o desempenho global do WiMAX móvel através da simulação OPNET.

Tabela 2.3: Modelos de perda de trajetória

Modelo de Propagação	**Formulação matemática**	**Descrição**
Modelo de espaço livre	$P_{rx}(r) = P_{tx}G_{tx}G_{(rx)}/((4\pi)^2d^2L)$, em que Ptx é a potência transmitida, $P_{rx}(r)$ é a potência recebida, G_{tx} é o ganho da antena do transmissor, G_{rx} é o ganho da antena do aparelho, d é a separação T_x-R_x e L é o fator de perda do sistema baseado na atenuação da linha, nas perdas do filtro e nas perdas da antena e não associado à propagação.	Este é realmente um modelo matemático pouco relevante, independentemente do impacto do desvanecimento devido à propagação multipercurso, e também o tipo de espaço livre prevê que a potência obtida diminui como a raiz quadrada negativa da distância.
Modelo fixo suburbano de Erceg	$PL = H + 10\gamma\log_{10}(d/d_0) + X_f + X_h + s$, em que PL é a atenuação imediata em dB, H é a interrupção e é dada pela perda de trajetória no espaço livre à frequência preferida numa distância de d0= 100m. γ é uma variável aleatória gaussiana sobre a população de macrocélulas em cada categoria de terreno. Xf e Xh são os factores de correlação do modelo para a frequência de funcionamento e para a altura da antena das EM, respetivamente. Os modelos de perda de percurso Erceg são classificados em três categorias (Categoria A, Categoria C e Categoria B) foram calculados pela seguinte equação: PL modificado = $PL + \Delta PL_f + \Delta PL_h$ Aqui, PL é a perda de percurso dada anteriormente, ΔPLf é o termo de frequência, e ΔPLh é o termo de correção da altura da antena de receção que é dado da seguinte forma: $\Delta PL_f = 6\log10\ (f/2000)$	Baseia-se em dados experimentais extensivos recolhidos a 1,9 GHz em 95 macrocélulas de paisagens suburbanas nos Estados Unidos. Este modelo abrange células de grande dimensão, com maior potência de transmissão das BS e maior altura da antena. Os SS têm pouca mobilidade. O tipo de terreno A é um terreno montanhoso com uma densidade de árvores moderada a elevada, representando ambientes rurais e tem a perda de trajetória mais elevada. O tipo de terreno B é caracterizado por um terreno maioritariamente plano com uma densidade de árvores moderada a elevada ou por um terreno acidentado com uma

	ΔPL_h = -10,8log10 (h/2) para as categorias A e B = -20log10 (h/2) para as categorias C	densidade de árvores ligeira. O tipo de terreno C é um terreno plano com uma densidade de árvores ligeira e está associado à menor perda de trajetória para ambientes rurais.
Ambiente de perda de trajetória de exterior para interior e de peões	$PL = 40\log_{10}R + 30\log_{10}f + 49$. Em que PL é a atenuação imediata em dB, R é a distância entre a BS e a MS em quilómetros e f é a frequência do transportador.	Este ambiente é caracterizado por células de pequena dimensão, BSs com antenas de menor altura e menor potência de transmissão são colocadas no exterior, enquanto os consumidores pedestres estão localizados nas ruas e no interior de edifícios e residências
Ambiente veicular	$PL = 40(1 - 4 * 10^{-3} * \Delta h_b)\log_{10}R - 18\log_{10}\Delta h_b - 21\log_{10}f + 80dB$. em que, Ris é a distância entre a BS e a MS, f é a frequência portadora e Δh_b é a altura da antena BS em metros	Este ambiente é descrito por células maiores e maior potência de transmissão. Todos os SSs têm uma mobilidade elevada

2.1.2 Qualidade de serviço (QoS) WiMAX

Em termos de serviços garantidos, os recursos WiMAX dispõem de numerosas técnicas de qualidade de serviço na camada MAC. Normalmente, a assistência QoS nas redes sem fios tem problemas muito mais difíceis do que nas redes com fios, devido às caraterísticas da ligação sem fios, que são muito variáveis e irregulares, tanto em termos de tempo como de localização. Numa cobertura mais alargada, os resultados do desvanecimento multipercurso e são igualmente preocupantes. O mecanismo de pedido/concessão é utilizado para que os MS tenham acesso aos meios de comunicação, o que inclui o controlo centralizado nas BS.

Por conseguinte, os Estados-Membros não estão autorizados a aceder aos meios de comunicação sem fios, a menos que se inscrevam e solicitem inicialmente à BS a atribuição de largura de banda, exceto para determinadas faixas horárias armazenadas precisamente para o acesso baseado na contenção. Além disso, a camada MAC do IEEE 802.16 define cerca de cinco classes de serviço diferentes para fornecer QoS para tipos de aplicações, que incluem o Unsolicited Grant Scheme (UGS), o Extended Real Time Polling Service (ertPS), o Real-Time Polling Service (rtPS), o NonReal-Time Polling Service (nrtPS) e o Best Effort Service (BE). Cada classe de serviço tem parâmetros de QoS, como o método de pedido de largura de banda, as necessidades mínimas de débito e as restrições de atraso/intensidade. Estes tipos de classes de serviço são [25, 34] definidos da seguinte forma:

- O serviço de concessão não solicitada (UGS) foi idealmente concebido para fluxos de tráfego em tempo real de débito constante (CBR) que produzem pacotes de tamanho fixo, incluindo a emulação de circuitos E1/T1. Proporciona uma utilização regular e fixa da largura de banda. Logo que a ligação é estabelecida, não é necessário enviar outro pedido. As variáveis de QoS mais importantes são a taxa máxima sustentada, a latência máxima e a variação máxima do atraso.

- O serviço de sondagem em tempo real (rtPS) é adequado para o tráfego em tempo real de taxa de bits variável (VBR), como o vídeo MPEG comprimido. Ao contrário do UGS, o rtPS exige uma largura de banda flutuante porque a BS deve sondar frequentemente todos os MS para saber quais as atribuições necessárias para serem produzidas. As variáveis de QoS são muito semelhantes às do UGS. No entanto, a taxa de tráfego mínima atribuída e a taxa de tráfego máxima sustentada devem ser especificadas de forma independente.

- O serviço de polling em tempo real alargado (ertPS) é naturalmente equivalente ao serviço rtPS, que foi concebido para suportar o VoIP na supressão do silêncio. O serviço ertPS é idêntico ao UGS, na medida em que a BS atribui a taxa máxima sustentada em modo efetivo. No entanto, não é emitida qualquer largura de banda durante o intervalo de silêncio. Há certamente uma necessidade de incluir a BS sondar os MSs durante o período de silêncio para o avaliar quando o tempo de silêncio terminar. As variáveis de QoS são semelhantes às do UGS.

- Os serviços de polling em tempo não real (nrtPS) são adequados para tráfego VBR em tempo não real sem garantia de atraso. Apenas é garantida a taxa mínima de atraso. A aplicação adequada a esta classe é o protocolo de transferência de ficheiros (FTP).

- O Best Effort (BE) é adequado para o tráfego com requisitos de QoS fracos, pelo que muitos dos dados de tráfego caem nesta classificação para garantir quer o atraso quer o débito. A largura de banda será provavelmente fornecida aos Estados-Membros se e enquanto houver certamente uma largura de banda remanescente de outras classes. Na prática, a maior parte das implementações prevê a indicação de um débito mínimo de tráfego atribuído e de um débito máximo de tráfego sustentado nesta classe.

2.1.3Classes de aplicações WiMAX

A Tabela 2.4 demonstra a classificação das classes de aplicações na norma WiMAX. No entanto, cada classe de aplicação oferece as suas próprias caraterísticas, como restrições de largura de banda, latência e jitter, para poder garantir uma boa qualidade da experiência do utilizador.

Tabela 2.4: Classes de aplicações WiMAX [6]

Classes	Aplicação	Orientação para a largura de banda		Diretrizes de latência		Diretrizes de Jitter		Classes de QoS
1	Jogos interactivos para vários jogadores	Baixa	50 kbps	Baixa	< 25ms	N/ A		rtPS, UGS
2	VoIP e videoconferência	Baixo	32- 64 kbps	Baixo	<150 ms	Baixo	<50ms	UGS, ertPS
3	Meios de transmissão em fluxo contínuo	Baixo a alto	5kbps a 2Mbps	N/A		Baixo	<100ms	rtPS
4	Navegação na Web e mensagens instantâneas	Moderado	10kbps a 2 Mbps	N/A		N/A		nrtPS, BE
5	Transferências de conteúdos multimédia	Elevado	>2 Mbps	N/A		N/A		nrtPS, BE

Como geralmente se observa, os meios de transmissão em fluxo contínuo, como o vídeo em fluxo contínuo, são classificados na classe de serviço QoS (rtPS). Esta classe envolve a transmissão entre a BS e os MSs para identificar as taxas de transmissão mais baixas e mais altas que serão emitidas. Embora este esquema funcione para traços de vídeo pré-codificados e avaliados, como filmes e programas de televisão, se não tivermos em conta a sobrecarga percetível, será inútil para meios de transmissão sobreviventes, como a televisão móvel.

2.2 Visão geral da IPTV

Esta secção apresenta um esboço da televisão por protocolo Internet (IPTV), da codificação de vídeo e das métricas de desempenho da transmissão de vídeo.

2.2.1Definição de IPTV

O grupo de reflexão da União Internacional das Telecomunicações sobre IPTV (UIT-GF IPTV) descreveu a IPTV como serviços multimédia, como televisão/vídeo/áudio/texto/gráficos/dados, transferidos através de redes baseadas no IP (por vezes também designadas por "triple play"), proporcionando simultaneamente o nível essencial de QoS e experiência, fiabilidade, interatividade e segurança. Os diferentes tipos de fornecedores envolvidos na implantação de serviços IPTV vão desde os operadores de televisão por cabo e satélite até às grandes empresas telefónicas e operadores de redes privadas em várias partes do mundo [35].

2.2.2Conteúdo de vídeo em fluxo contínuo

O conteúdo vídeo representa a informação áudio e visual oferecida pelos fornecedores de vídeo que dispõem de serviços IPTV e VoD. Este conteúdo provém de numerosas sitcoms, noticiários, actividades desportivas e também de filmes em tempo real e em tipos de vídeo acumulado (VoD). É estruturado como uma sequência de fotogramas ou imagens de vídeo que são transmitidos ou "escoados" para o assinante e apresentados a uma velocidade de fotogramas constante [5]. A componente vídeo é combinada (geralmente individualmente) com uma componente áudio multicanal, que é organizada como uma sequência de fotogramas áudio para constituir coletivamente o conteúdo do vídeo.

O fluxo contínuo de vídeo é essencialmente tolerante às perdas e, por conseguinte, sensível aos atrasos [36], o que significa que a reprodução de vídeo no cliente pode tolerar um certo grau de danos nos fotogramas. Apesar disso, os atrasos ou variações na receção entre fotogramas degradam facilmente toda a experiência de reprodução de vídeo. Embora o streaming de vídeo em tempo real e o VoD possuam vários requisitos de transmissão e de armazenamento em memória intermédia da rede e do participante de vídeo do utilizador ou talvez do Set Top Box (STB), o conteúdo de vídeo pode ser reconhecido por diversas variáveis, como o formato de vídeo, a profundidade de cor dos pixéis, a estratégia de codificação e também a taxa de chegada dos fotogramas.

As resoluções de vídeo são descritas como a geometria máxima de píxeis horizontais por verticais, que pode variar entre 128 x 96 píxeis e mais de 1920 x 1080 píxeis para a televisão de alta definição (HDTV). No entanto, as resoluções de vídeo típicas para a transmissão de vídeo Google Video, YouTube e Skype na Internet são de 320 x 240 pixéis (QVGA). Além disso, em conjunto com a resolução de vídeo, a profundidade da cor, que normalmente varia até 8 bits para cada cor primária por pixel, pode afetar consideravelmente o tamanho do conteúdo de vídeo. O conteúdo de vídeo pode também ser visto como uma série de imagens apresentadas a um ritmo regular e cada fotograma é constituído por redundância espacial (dentro de cada imagem) ou temporal (entre imagens). Assim, diferentes esquemas de codificação de vídeo são efetivamente concebidos para minimizar o tamanho real do conteúdo de vídeo, aplicando esta redundância no momento de equilibrar a qualidade. Este tipo de estratégias pode incluir os codecs H.26x da União Internacional das Telecomunicações (UIT) e os codecs MPEG (Motion Picture Experts Group) da Organização Internacional de Normalização (ISO).

2.2.3Codificação de vídeo

A codificação de vídeo consiste em aplicar a redundância natural dos vídeos para poder reduzir a sua dimensão representativa. As redundâncias no sinal de vídeo podem ser espaciais dentro de um quadro de vídeo idêntico ou temporais dentro de quadros adjacentes. Por exemplo, o filme Foreman, amplamente utilizado, com uma sequência de 300 fotogramas, codificado em MPEG-4 com alta qualidade e resolução CIF (352x288 pixéis), fornece 1,23 Mbps como taxa de bits média, em comparação com 36,5 Mbps para o vídeo não comprimido.

Consequentemente, surgiram numerosos métodos de codificação de vídeo para reduzir o vídeo, de modo a garantir a poupança da largura de banda do sistema necessária para a transmissão e, em alternativa, produzir uma melhor qualidade de vídeo. A compressão de vídeo pode ser implementada em várias aplicações, como VoD, difusão televisiva, televisão móvel, vídeo através da Internet e também videoconferência. Devido ao aparecimento e à enorme procura no mercado de vídeos HD , os métodos de compressão de vídeo estão a tornar-se mais críticos e exigem um maior desenvolvimento. Os diferentes métodos e normas de compressão de vídeo são geralmente divididos em duas categorias diferentes [37]:

- A União Internacional das Telecomunicações (UIT) incluiu inicialmente duas normas, a saber, H.261 e H.263, associadas a aplicações de videoconferência. No entanto, a norma H.261 permite taxas de bits entre 64 kbps e perto de 2 Mbps. Por outro lado, o H.263, que é extensível ao H.261 para vídeo de taxa de bits mínima, pode efetivamente gerar imagens de vídeo de pequena dimensão a 10 a 64 kbps, sendo assim adequado para modems de ligação telefónica.

- O Motion Picture Expert Group (MPEG) estabeleceu codecs de vídeo conhecidos como codecs MPEG, que estão associados a aplicações de armazenamento e difusão. Esta norma inclui as seguintes normas, nomeadamente, MPEG-1, que privilegia o armazenamento digital de vídeos com qualidade de imagem de videogravador, visando taxas de bits entre 1

e 1,5 Mbps. É realmente apropriado para armazenamento em CD-ROMs que têm taxas de resultado de pelo menos 1,2 Mbps. MPEG-2 que foi criado para se adequar a várias aplicações enormes, particularmente a transmissão de Televisão de Alta Definição (HDTV), a altas taxas de bits de 4 a 9 Mbps. É realmente adequado a praticamente todas as necessidades de aplicações, incluindo difusão, armazenamento e recuperação de conteúdos, descodificadores de televisão digital, multimédia para telemóveis e streaming via Internet e MPEG-4, criado em 1999 [38].

Na norma MPEG, as imagens são organizadas em grupos de imagens (GoPs), que têm três tipos diferentes de fotogramas:

- **Quadros I** (Quadros Intra-codificados): A imagem intra-codificada (I) é a imagem-chave. Esta frame inclui todos os detalhes para a construção de uma imagem, consequentemente esta frame não é influenciada por outras frames. Uma vez que esta imagem contém dados independentes, não contém o vetor de movimento [39]. Esta imagem é a imagem menos compactada de todas as três. Esta imagem é tratada como uma imagem independente na qual a compressão espacial e a predição são utilizadas para reduzir os seus próprios dados.

- **Quadros P** (Quadros Predicados): A moldura codificada com previsão (P) é um tipo de moldura delta . Este quadro aplica a predição temporal e transporta apenas o conteúdo diferencial dos quadros I ou P anteriores. Este quadro contém os dados de imagem reduzidos e o vetor de movimento de todos os blocos macro [39]. A taxa de compressão é superior à do quadro I, pelo que o tamanho do quadro será provavelmente inferior ao do quadro I. Como esta imagem inclui apenas o conteúdo alternativo, a técnica de descodificação desta imagem baseia-se tanto na imagem existente como na anterior.

- **Molduras B** (molduras de previsão bidirecional): A moldura de previsão bidirecional (B) é normalmente um tipo de moldura delta. Ao contrário da moldura P, a previsão temporal é concebida em função de duas molduras. A moldura B produziu um efeito relevante para uma moldura I ou P anterior e depois para uma moldura I ou P seguinte. Portanto, ambos os quadros de base precisam de ser obtidos com sucesso para descodificar este quadro [39]. Esta imagem é considerada como a imagem compactada, o que lhe permite conter todos os dados da imagem e o vetor de movimento. Uma vez que esta é a imagem mais compacta, quanto maior for o número desta imagem, menor será a largura de banda consumida para a transmissão.

Os vídeos são geralmente codificados em VBR (Variable Bit-Rate) ou CBR (Constant BitRate). Com a codificação VBR, os quantizadores utilizados para cada tipo de imagem (I, P, B) são constantes durante o vídeo. O objetivo da codificação VBR é normalmente obter uma qualidade aproximadamente regular para todas as imagens do vídeo. A taxa de bits do fluxo de bits comprimido difere em função da complexidade visual das imagens originais. Por outro lado, os vídeos codificados em CBR devem respeitar um objetivo de taxa de bits média. Esta é obtida através de um algoritmo de controlo da taxa que estabelece a fase do quantizador adequada a utilizar para cada imagem. A limitação da taxa de bits de saída inclui certas degradações na qualidade quando comparada com a codificação VBR [40]. Nesta dissertação, vamos analisar o mais moderno padrão internacional de compressão de vídeo com o título formal de SVC.

2.2.4Codificação de vídeo escalável (SVC)

A codificação escalável ou em camadas é um método de codificação especialmente adequado para aplicações de vídeo. Inicialmente, a codificação em camadas encontra-se na norma MPEG-2 e, posteriormente, no H.263+, que é um tipo alargado de H.263 juntamente com o MPEG-4. A norma foi concebida para aumentar a força dos codecs de vídeo, para além da perda de pacotes de rede. A perspetiva essencial da codificação escalável é normalmente codificar o vídeo em numerosas camadas interdependentes: Camada de base (BL) e uma ou mais camadas de melhoramento (ELs). A camada de base é uma versão de baixa qualidade do vídeo, que está a ser descodificada para apresentar uma qualidade de vídeo mínima adequada. A qualidade de vídeo fornecida é então gradualmente melhorada através da descodificação sucessiva de cada EL. Para descodificar a camada de ordem n, o descodificador necessita de todas as camadas de ordem inferior, ou seja, a camada de base e todas as camadas de ordem 1 a n-1.

O SVC é um método adequado e atrativo para resolver os inconvenientes decorrentes das propriedades das recentes técnicas de comunicação vídeo. O termo "escalabilidade" identifica a redução do fluxo de bits de vídeo que lhe permite modificá-lo de acordo com as numerosas exigências ou preferências dos utilizadores, juntamente com várias capacidades críticas ou condições de rede. A SVC sustenta a transmissão de vídeo a várias taxas de bits com base na qualidade exigida e abrangida pelo seu ambiente sem fios atual. A codificação de vídeo escalável é especialmente adequada ao multicast porque facilita a transmissão de vídeo a vários consumidores com capacidades de canal heterogéneas [9, 41].

Nesta dissertação, concentramo-nos na utilização do SVC para a transmissão de vídeo em camadas, a fim de ajustar as caraterísticas do vídeo a condições de rede heterogéneas e variáveis. A propriedade de codificação escalável é principalmente adequada ao aumento da mobilidade do utilizador. No entanto, os vídeos moduláveis podem ser aplicados a muitos serviços para além do fluxo contínuo de dados, por exemplo, o acesso universal aos meios de comunicação, em que os vídeos são codificados uma única vez, o que permite a sua reprodução numa grande variedade de dispositivos, desde PDAs a ecrãs HDTV, ou a distribuição diferenciada de conteúdos, o que significa que o BL é distribuído gratuitamente, enquanto os ELs são codificados e distribuídos mediante o pagamento de uma pequena taxa.

Os modos típicos de redimensionamento são o redimensionamento temporal, o redimensionamento espacial e o redimensionamento da qualidade. A redimensionabilidade espacial e a redimensionabilidade temporal exprimem instâncias em que subconjuntos do fluxo de bits subjacente significam a base satisfeita com um tamanho de imagem reduzido (resolução espacial) ou uma velocidade de fotogramas (resolução temporal), respetivamente. Com a escalabilidade da qualidade, o sub-fluxo oferece a mesma resolução espácio-temporal que um fluxo de bits final, mas com uma fidelidade reduzida, sendo a fidelidade geralmente conhecida como SNR. A escalabilidade da qualidade é também normalmente conhecida como escalabilidade da fidelidade ou da SNR. As formas de escalabilidade podem ser combinadas, de acordo com a aplicação prática e as especificações do sistema. A era das escalabilidades no SVC é demonstrada na Figura 2.3. São realizadas três técnicas de escalabilidade no H.264/SVC, como se segue:

1. Escalabilidade temporal
2. Escalabilidade espacial
3. Qualidade ou escalabilidade SNR

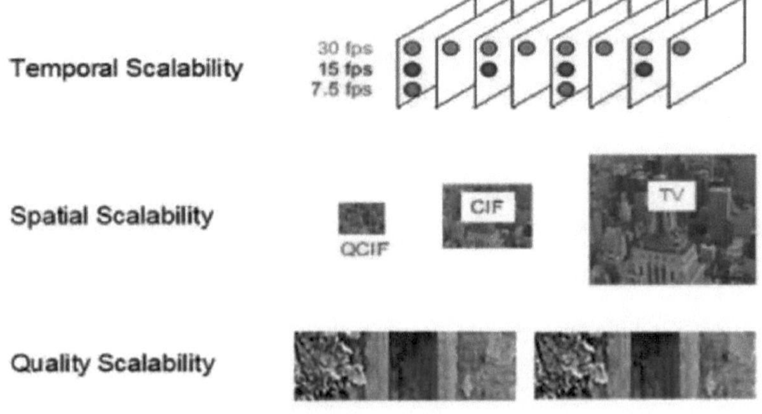

Figura 2.3: Modos de escalonamento na codificação de vídeo

2.2.4.1 Escalabilidade temporal

Considera-se que um fluxo de vídeo relevante é temporalmente modulável quando a taxa de fotogramas do fluxo pode ser diversificada de forma adaptativa, retirando um subconjunto de fotogramas do fluxo de bits principal. Um fluxo de bits apresenta escalabilidade temporal quando a gama de unidades de acesso associadas pode ser dividida numa BL temporal e numa ou mais ELs temporais com o seguinte carácter. Deixemos que as camadas temporais sejam reconhecidas por um identificador de camada temporal T, que começará em 0 para a camada de base e aumentará em 1 de uma única camada temporal para a seguinte. Em seguida, para cada quantidade regular k, o fluxo de bits que é recebido através da redução da maioria das unidades de ligação de cada camada temporal com um identificador de camada temporal T superior a k forma o próximo fluxo de bits válido para o descodificador apresentado.

A Figura 2.4 mostra um esquema de um fluxo de vídeo temporalmente escalável. No entanto, cada fotograma Tk encontra-se entre a k[a] camada temporal, com k=0 a representar a camada temporal de base. O fluxo escalável está organizado de tal forma que se pode prescindir de todos os fotogramas de vídeo das camadas k≥K+1, pelo que os fotogramas restantes obtidos pelas camadas 0,1,..., K continuarão provavelmente a formar uma combinação de vídeo fiável, apesar da redução da taxa de fotogramas. Assim, a resolução temporal mais pequena que se pode escolher corresponde à camada T0. O extra de cada camada superior aumenta a resolução temporal da sequência de vídeo [9].

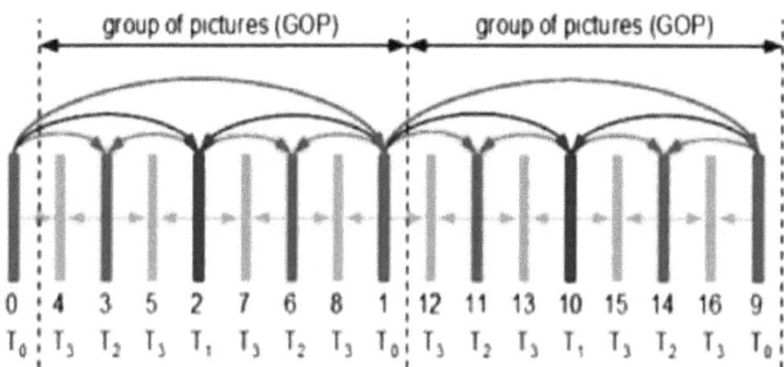

Figura 2.4: Escalabilidade temporal [9]

2.2.4.2 Escalabilidade espacial

Um fluxo de vídeo significativo é espacialmente escalável sempre que alguém pode diferir dinamicamente a resolução de píxeis dos fotogramas de vídeo transmitidos. Assim, alguém pode transmitir ou remover um fluxo de resolução espacial reduzida para streaming de vídeo em telemóveis e PDAs, apesar de as resoluções espaciais mais elevadas serem normalmente utilizadas para videoconferências, jogos e serviços em computadores portáteis. Qualquer pessoa pode eliminar todas as camadas espaciais Sk de forma a que k≥K+1 e o resto das camadas constituam um fluxo de vídeo legítimo com menor resolução espacial em comparação com um fluxo que tenha todas as camadas espaciais [42]. Isto é realmente demonstrado na Figura 2.5.

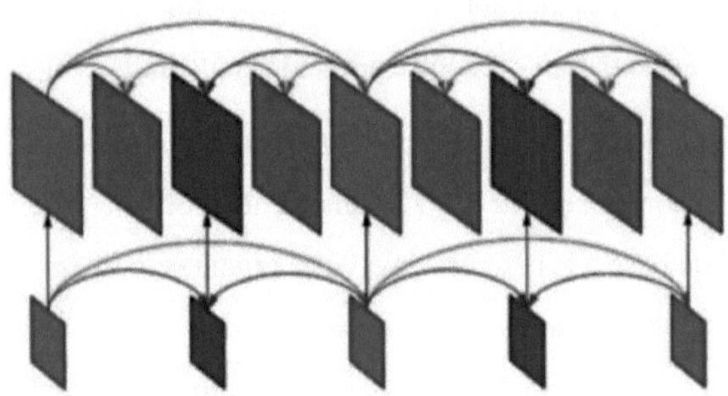

Figura 2.5: Escalabilidade espacial [9]

2.2.4.3 Escalabilidade da qualidade ou (Escalabilidade SNR)

A escalabilidade da qualidade corresponde a várias taxas de bits no fluxo de bits transferido, modificando adaptativamente a resolução no quantizador, o que é útil para a visualização de quadros digitais. Uma quantização mais grosseira provoca uma taxa de bits e um nível de ruído de quantização mais baixos. Isto produz um SNR mínimo para o fluxo de vídeo digital, seguido de uma fidelidade de reprodução correspondentemente reduzida [9]. A escalabilidade da qualidade pode certamente ser considerada como um caso especial de escalabilidade espacial com tamanhos de imagem semelhantes para a camada de base e a camada de melhoramento. Estas estratégias idênticas de predição entre camadas são largamente utilizadas, sem empregar as operações de visualização ascendente relacionadas. Assim, alterando a fidelidade do vídeo digital, é possível escalar de forma óptima a taxa de bits do fluxo de vídeo para corresponder à qualidade do canal do ambiente sem fios, bem como satisfazer as considerações de QoS para a entrega de conteúdos. A resolução no quantizador é modificada durante a transformação ou complementa o domínio DCT, principalmente porque proporciona uma das mais graciosas degradações com a diminuição da resolução do quantizador.

2.3 Métricas de desempenho de vídeo

A qualidade do serviço é geralmente definida pelo grau de degradação do sinal obtido ao nível da utilização em comparação com o sinal primariamente transportado. A qualidade do serviço não significa especificamente o nível de satisfação do cliente com o serviço disponível. O que pode ser adequado ao nível da utilização pode causar dificuldades ao nível do assinante. Por conseguinte, a qualidade da experiência (QoE) é utilizada para mostrar o grau de satisfação do serviço ao nível do utilizador. A garantia da qualidade de serviço (QoS) do vídeo é definitivamente mais difícil do que a da voz e do áudio, uma vez que inclui mais aspectos que devem ser observados e analisados. Além disso, os clientes dos meios de comunicação vídeo são normalmente muito menos indulgentes em relação às distorções do vídeo adquirido.

Avaliar a qualidade visual é um desafio complicado, porque há muitos aspectos que podem ter impacto nos resultados que consistem em identificar, avaliar e comparar a transmissão de vídeo. Esta subsecção aborda certas questões associadas às métricas de desempenho da comunicação vídeo. As métricas de desempenho são geralmente classificadas em medidas de qualidade subjectivas e objectivas. As técnicas objectivas medem a qualidade da ligação de comunicação e mapeiam-na para um valor de índice popular da experiência dos utilizadores, que inclui: perda de pacotes, atraso de pacotes, jitter de pacotes e taxas de débito de carga de tráfego. Além disso, as métricas objectivas procuram quantificar as expectativas de qualidade de vídeo, que podem ser avaliadas pela métrica de qualidade de vídeo (VQM) e pela relação sinal/ruído de pico

(PSNR).

A qualidade subjectiva do vídeo, que se centra na forma como o vídeo é observado por um cliente e rotula a sua opinião sobre uma sequência de vídeo específica. O principal conceito de avaliação da qualidade subjectiva do vídeo é equivalente ao Mean Opinion Score (MOS). Os requisitos de QoS são cruciais para a implantação de serviços em tempo real como IPTV e VoD em redes de acesso sem fios de banda larga. A implantação de vídeo a pedido (VoD) em redes sem fios é afetada por variações temporais da largura de banda, atrasos de pacotes e perdas. Dado que os clientes esperam uma maior qualidade de serviço apesar da infraestrutura de rede principal, foram utilizados vários critérios para avaliar o desempenho do fluxo de vídeo, a fim de garantir a conformidade e a qualidade da experiência do utilizador [43]. As métricas objectivas subsequentes que são normalmente utilizadas são: rácio de perda de pacotes (PLR), atraso de pacotes (PD), jitter de pacotes e débito mínimo, conforme demonstrado na Tabela 2.5 [44].

Tabela 2.5: Parâmetros de desempenho para a implantação da IPTV

Métricas	**Formulação matemática**	**Descrição**	**Aceitável**
Rácio de perda de pacotes (PLR)	$PLR = \left(\frac{lost_{packet}}{lost_{packet} + received_{packet}}\right)$	PLR são os pacotes corrompidos, perdidos ou extremamente atrasados divididos pela quantidade de pacotes previsíveis na estação consumidora de vídeo.	10^{-3}
Atraso de fim de pacote (E2E) $^{(ms)}$	$D_{E2E}= Q\ (d_{proc} + d_{queue} + d_{trans} + d_{prop})$, em que: Q é o número de elementos de rede entre o servidor de vídeo e a estação móvel. dproc é o atraso de processamento num determinado elemento da rede. dqueue é o atraso na fila de espera num	O atraso do pacote é o tempo médio de trânsito do pacote entre o servidor de vídeo e a estação consumidora de vídeo.	<400

	determinado elemento da rede.		
	dtrans é o tempo de transmissão de um pacote numa dada ligação de comunicação entre dois elementos da rede. dprop é o atraso de propagação numa determinada ligação de rede		
Variação do atraso do pacote (PDV) ou jitter do pacote (ms)	$j_{pkt} = t_{real} - t_{esperado}$, em que: t(real) é o tempo real de receção do pacote. texpected é o tempo previsto de receção do pacote.	A instabilidade dos pacotes é definida como a variabilidade do atraso dos pacotes num determinado meio na estação de consumo de vídeo.	<50
Taxa de transferência (bps)	O débito para o carregamento de tráfego de débito variável (VBR) é dinâmico por natureza e é uma função da complexidade da cena e do conteúdo áudio associado. Os carregamentos de tráfego de débito variável (VBR) são normalmente indicados como intervalos de débito de pico.	A taxa de transferência é definida como a carga de tráfego que o fluxo multimédia adicionará à rede. Pode ser medido em bits/seg.	221-5311

2.4 Gestão de recursos de rádio (RRM) e QoS para sistemas multi-funções em tempo real

timedia

A rápida evolução das telecomunicações sem fios satisfaria a crescente procura no mercado de serviços regulares de Internet e de telefonia móvel. As principais aplicações das redes sem fios 3G/4G são, sem dúvida, os serviços multimédia em tempo real (videostream), que podem incluir videoconferência, videotelefonia, IPTV, transmissão de dados em tempo real, etc. Este serviço específico utiliza uma enorme largura de banda e implica uma especificação rigorosa da QoS no que respeita ao atraso E2E, à taxa de perda de pacotes, à qualidade do vídeo, etc.

No entanto, numa infraestrutura de Internet híbrida com e sem fios, embora a parte com fios possa oferecer numerosas capacidades, é realmente difícil para a parte sem fios satisfazer facilmente este tipo de requisitos devido a restrições espectrais, ao modelo de interface aérea, ao desvanecimento do canal e às despesas, etc. Por conseguinte, a gestão dos recursos de rádio (RRM) e o fornecimento de QoS desempenham um papel crucial na conceção do sistema de comunicações sem fios.

2.4.1Gestão de recursos de rádio

A gestão dos recursos de rádio (RRM) no sistema sem fios é a capacidade que atribui o espetro de rádio (canais) aos utilizadores móveis. Devido ao crescimento emergente das aplicações de comunicação pessoal, o espetro de radiofrequências torna-se mais importante, principalmente porque continua a ser significativamente útil para os serviços governamentais e militares. Possivelmente, é o recurso natural tecnológico mais escasso no século XXI. Por conseguinte, a gestão dos recursos radioeléctricos desempenha uma tarefa cada vez mais crucial nas futuras redes de comunicação sem fios. Susceptíveis de várias tecnologias de interface aérea, as funções da RRM nas camadas de ligação e de rede incluem o controlo da ligação rádio/controlo de acesso ao meio, programação, controlo de admissão, gestão da potência, etc. [45].

O projeto do RRM pode precisar considerar as informações da camada física, como o esquema de codificação e a flutuação do canal, os atributos das aplicações, como os diversos tráfegos multimídia, as demandas de QoS, além da mobilidade dos usuários [46-48]. Em redes sem fio, a função RRM pode ser formada de forma centralizada ou distribuída. No caso de estar disponível uma estação de base, o RRM pode ser realizado de forma centralizada, no sentido em que a estação de base e os utilizadores móveis trocam informações de forma inativa e a atribuição de recursos pode ser realizada na estação de base. A forma distribuída é recomendada quando não existe um servidor principal e os utilizadores móveis negoceiam ou competem pelo recurso oferecido. Numa rede móvel, uma estação de base (ou o seu dispositivo de associação) actua como controlador central, pelo que o RRM é essencialmente centralizado.

O ambiente sem fios agressivo é, de facto, um dos problemas mais importantes para o

RRM. A transmissão através do canal sem fios é uma questão de erros, uma vez que o desvanecimento deteriora a intensidade do sinal. O controlo da potência é uma solução eficiente para gerir a intensidade do sinal no destinatário, especialmente em sistemas baseados em CDMA. A desvantagem do controlo de potência é a complexidade do tratamento das interferências [49, 50].

Uma forma alternativa de lidar com o desvanecimento é sempre transferir dados duplicados, utilizando adequadamente bits desnecessários à informação original para permitir o Controlo de Erros Antecipado (FEC). O Automatic Retransmission Request (ARQ) é normalmente a melhor forma de lidar com a qualidade da comunicação, modificando adaptativamente os bits redundantes ou o número de retransmissões com base nas condições do canal, o que pode melhorar a capacidade de transmissão [51, 52].

Entretanto, o desvanecimento pode ser tratado de uma forma otimista. A degradação de um canal sem fios varia com o tempo, no sentido em que um cliente pode registar uma taxa de erro mais elevada ou mais baixa com o passar do tempo. A conceção tradicional da transmissão pode considerar o pior caso, incluindo mais bits redundantes ou empregando mais retransmissões. Isto diminui frequentemente a eficiência espetral, que foi concebida para a utilização do canal. É possível considerar a transferência de mais (menos) informação quando as condições do canal são boas (más). Além disso, uma vez que o desvanecimento é imparcial em relação a vários canais, um cliente pode adquirir canais dc alta qualidade mudando o tempo, especificamente a programação oportunista [53, 54], e outros métodos para melhorar a utilização do espetro envolvem a multiplexagem do tráfego tendo em conta os estilos de tráfego e a gestão conjunta dos recursos de rádio tendo em conta o equilíbrio da carga e a mobilidade dos utilizadores, etc.

2.4.2Fornecimento de qualidade de serviço

O fornecimento de qualidade de serviço é um conceito importante para a comunicação sem fios de tráfego multimédia. O tráfego de informações é suscetível a erros e necessita de uma taxa de erro de bits (BER) incrivelmente baixa. O tráfego em tempo real, como o vídeo e a voz, é sensível aos atrasos e a percentagem de pacotes atrasados não pode exceder uma tolerância; caso contrário, a qualidade da voz ou do vídeo adquiridos será realmente degradada. Quando um pacote em tempo real ultrapassa o seu limite de atraso, pode perder-se sem dúvida. Nas redes sem fios de comutação de pacotes, as variáveis de QoS podem incluir a taxa de erro de transmissão (BER) no PHY e a oportunidade de perda de pacotes nas camadas superiores causada por erros de transmissão e congestionamento da rede. A QoS através da BER pode ser garantida através de algum tipo de controlo para que a relação sinal/ruído (SNR) se mantenha acima de um determinado limiar, dependendo da modulação e dos esquemas FEC utilizados. A QoS em relação à taxa de perda de pacotes pode ser garantida na camada de ligação ou de rede por MAC, programação e retransmissão. Cada grau de QoS envolve caraterísticas RRM para atribuir recursos de rede a vários tipos de tráfego.

Os serviços multimédia sem fios, como a transmissão de vídeo em tempo real, deverão ser amplamente implantados com o crescimento dos serviços de vídeo em tempo real e o rápido desenvolvimento dos sistemas sem fios. Ao contrário dos serviços de voz e de dados, os serviços de vídeo utilizam uma largura de banda bastante grande e necessitam de requisitos de QoS heterogéneos.

No entanto, oferecer uma satisfação fixa de QoS para serviços de vídeo em redes sem fio de banda larga é desfavorável devido à raridade dos recursos de rádio e às caraterísticas das capacidades do sistema oferecido [55]. Consequentemente, a QoS estatística torna-se necessária, uma vez que o recurso será efetivamente subutilizado.

2.4.3Eficiência espetral

Uma vez que se reconhece que o espetro radioelétrico é raro, a utilização rentável dos recursos radioeléctricos para o tráfego multimédia é uma questão importante no modelo de RRM services. Um critério vital é utilizar o mínimo de recursos de rádio para satisfazer a procura de QoS. Este é realmente um obstáculo de trabalho atual na sociedade da comunicação, principalmente porque: As exigências de QoS diferem em várias camadas, os vários meios de interface aérea possuem várias propriedades, para além de existirem efetivamente compromissos entre diversas estratégias de RRM.

Além disso, os tráfegos multimédia de taxa variável têm vários estilos. Quando apenas o pior cenário, por exemplo, a taxa de pico, está envolvido, o recurso pode ser incrivelmente subutilizado.

Além disso, no caso do canal de desvanecimento, se apenas for reconhecida a pior condição, será transmitida mais redundância e muito menos informação, o que, mais uma vez, subutiliza o espetro. Por conseguinte, um modelo de camadas cruzadas para o tráfego multimédia com fornecimento de QoS para obter a máxima eficiência espetral continua a desafiar os investigadores e a ganhar muito destaque recentemente. Além disso, à medida que os métodos recentes vão surgindo, o modelo RRM deve ser regularmente avaliado e melhorado para se obter uma melhor experiência do utilizador e uma maior eficiência espetral. Uma vez que se prevê que o fluxo de dados em tempo real constitua uma parte importante do serviço de Internet de alta velocidade em redes sem fios 3G/4G, a RRA rentável para vídeo em tempo real com garantia de QoS torna-se uma questão de investigação crucial.

2.5 Arquitetura IPTV sem fios sobre WiMAX

Para fornecer serviços adequados de IPTV (televisão móvel) aos consumidores, esta subsecção explica a arquitetura da IPTV sobre WiMAX móvel. Os fornecedores de IPTV devem dispor de uma rede adequada baseada no IP para garantir a QoS a nível do serviço. A QoS para fornecer serviços de IPTV depende especialmente do desempenho da rede e da largura de banda. A Figura 2.6 mostra a topologia de rede habitualmente utilizada na aplicação IPTV sobre WiMAX.

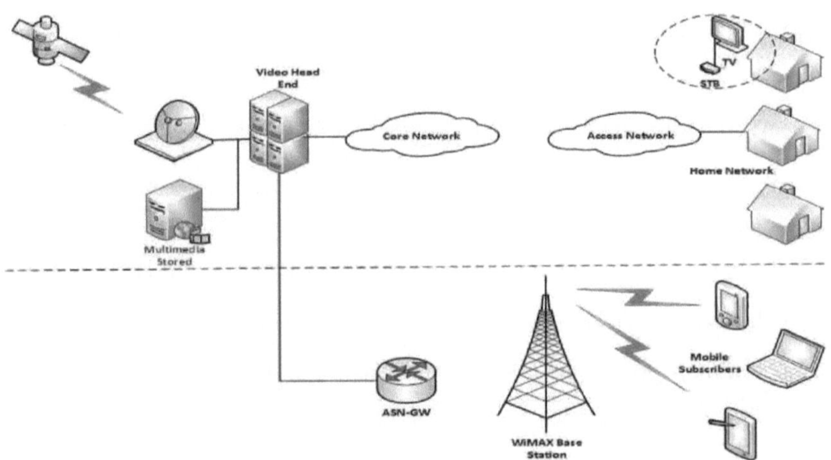

Figura 2.6: Implantação de serviços de IPTV para assinantes fixos e móveis'

A figura 2.6 mostra a arquitetura da IPTV (televisão móvel) na rede WiMAX móvel, que está dividida em cinco subsistemas: Head End são os servidores que armazenam conteúdos vídeo de fontes preferenciais, como filmes e conteúdos áudio. São armazenados vários tipos de vídeos, como os de emissoras de televisão nacionais, emissoras locais, operações de televisão pela Internet e outros serviços de difusão de vídeo. Os conteúdos de vídeo são transportados para a rede WiMAX móvel através de uma rede central de distribuição de conteúdos de longa distância e de alta capacidade, que entrega o fluxo de vídeo desde o cabeçalho até à rede de distribuição do fornecedor de serviços. A rede de distribuição vai do fim da rede central até ao encaminhador de agregação a partir do qual se inicia a rede de acesso.

A rede de acesso permite que o consumidor se ligue ao fornecedor e tenha acesso ao conteúdo multimédia. A rede de acesso deve ter largura de banda suficiente para suportar múltiplos canais IPTV para cada assinante e deve permitir outros serviços. A rede do consumidor ou dos assinantes móveis permite a comunicação e a troca de informações entre os assinantes e os dispositivos ligados aos serviços obtidos junto do fornecedor.

No entanto, o Access Service Network-Gateway (ASN-GW), que pode ser detido por um Network Access Provider (NAP), é composto por várias estações de base e um ou mais gateways ASN que desenvolvem a rede de acesso via rádio. A ASN efectua os seguintes serviços [2]: conetividade de camada 2 baseada no IEEE 802.16e com a estação móvel; número de descoberta de rede do CSN/NSP pretendido pelo assinante; proxy AAA: transferência da experiência do dispositivo, do utilizador e do serviço para o NSP escolhido; capacidade de retransmissão para iniciar a conetividade IP entre os MSs e a rede de serviços de conetividade (CSN); gestão e atribuição de recursos de rádio (RRM) de acordo com a política de QoS e/ou a procura do NSP ou do fornecedor de serviços de aplicação (ASP); funções relacionadas com a mobilidade, como a transferência, a gestão da localização e a paginação com o ASN, bem como o suporte de IP móvel com funcionalidade de agente estrangeiro.

A Figura 2.7 mostra o diagrama de blocos prático de uma pilha de protocolos IPTV. Os fluxos de vídeo são codificados e comprimidos utilizando quaisquer codecs de vídeo, como o MPEG4, no terminal de vídeo. Em seguida, os canais de codec MPEG são encapsulados como protocolo de transporte em tempo real (RTP) e transportados como fluxos UDP ou TCP para as camadas IP ou pacotes encapsulados em quadros Ethernet e enviados pela rede através da camada PHY. A BS recebe os dados e encapsula-os na camada IP e volta a encapsulá-los em PDUs MAC e PHY específicas. O PHY pode efetuar FEC, mapeamento de símbolos e modulação, enquanto o transcetor de rádio transmite os sinais resultantes para os nós móveis. Aqui, os fluxos de vídeo são enviados para o descodificador STB ou PC e regenerados em conteúdos de vídeo [5].

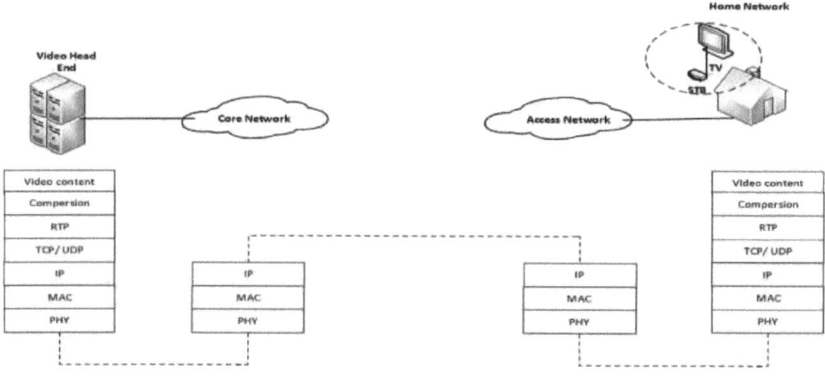

Figura 2.7: Pilha de protocolos IP para IPTV

2.6 Transmissão de vídeo em fluxo contínuo através de redes WiMAX

Há mais literatura relacionada com o estudo do desempenho do streaming de vídeo em redes WiMAX móveis que explora o WiMAX no contexto de aplicações de vídeo em tempo real e armazenado [56- 61]. Um modelo foi desenvolvido por Pandey em [56], que dimensiona a rede de fornecedores que oferecem serviços VoD aos seus clientes em ambientes heterogéneos. As suas técnicas de modelização e simulação permitem aos fornecedores determinar as condições óptimas de implantação para um dado número de possíveis consumidores de IPTV, satisfazendo simultaneamente medidas predefinidas de QoE.

Shehu et al. [57] relataram problemas difíceis para fornecer IPTV sobre WiMAX móvel. Estas questões incluem o desafio dos requisitos de QoS, a descrição da transmissão de IPTV na tecnologia WiMAX e também o impacto de vários parâmetros na rede WiMAX. Em seguida, com base na lógica difusa, foi concebido um controlador inteligente em [58], que analisou as necessidades de QoS para o fornecimento de IPTV sobre WiMAX. Na sua simulação, foram analisados três critérios, incluindo atrasos, perda de pacotes e jitter, que afectam a QoS da transmissão de serviços IPTV.

Hrudey et al. [59] utilizaram o OPNET Simulation para projetar, caraterizar e comparar a eficiência do streaming de vídeo para WiMAX e ADSL. Os resultados observaram que o ADSL apresentou os valores ideais de comportamento aproximados para diferentes parâmetros de desempenho, enquanto o WiMAX estabeleceu um comportamento capaz dentro dos limites desses parâmetros.

Os autores alargam o seu trabalho em [43], incluindo a geração e a integração de conteúdos de fluxo contínuo de áudio, bem como a inclusão da camada de protocolo em tempo real (RTP) na pilha de protocolos. Foram comparados quatro parâmetros de desempenho entre estas duas técnicas para estudar o impacto do fluxo contínuo de vídeo. No entanto, Gill et al. [60] utilizaram a simulação OPNET para comparar a eficiência do fluxo contínuo de vídeo sobre WiMAX móvel e DSL sob diferentes atributos de objectos de rede, como jitter, carga de tráfego, atraso, perda de pacotes e débito. Os seus resultados indicaram que a ADSL apresentou um melhor desempenho do que o WiMAX em termos de perda de pacotes.

Bhunia et al. [61] apresentaram uma avaliação exaustiva do desempenho do WiMAX móvel, efectuada com diferentes esquemas de modulação fixa e adaptativa, utilizando o simulador OPNET . O seu desempenho foi investigado em termos de queda média de dados, débito médio, VoIP MOS e utilização de BW em termos de utilização de rajadas de dados UL quando se implementa VoIP em redes WiMAX. Os resultados observaram que os esquemas de modulação mais baixos proporcionam um melhor desempenho em termos de débito, dados perdidos e MOS, à custa de uma maior utilização do BW.

2.7 Multicasting de vídeo em redes sem fios

O desenvolvimento da implantação da IPTV proporciona normalmente aos clientes um tipo de televisão com mais funções e mais interactiva com o utilizador, através da infraestrutura existente baseada no IP, o que exige uma largura de banda adequada e uma elevada QoS. A difusão múltipla de vídeo em tempo real identificada por conjuntos de consumidores que obtêm programas de vídeo populares através de um canal de desvanecimento sem fios está a desenvolver-se rapidamente nas redes sem fios de banda larga. O WiMAX móvel utiliza o acesso múltiplo por divisão ortogonal de frequências (OFDMA) com um esquema de modulação adaptativo que permite um compromisso significativamente melhor entre débito e atraso, ajustando os consumidores visados/agendados em cada transmissão [62]. Para garantir uma utilização eficiente dos recursos WiMAX, juntamente com a garantia de QoS, é fundamental dispor de métodos eficientes de programação dos utilizadores e de atribuição de recursos rádio. No entanto, este tipo de estratégias não foi designado na norma IEEE 802.16, pelo que os fornecedores devem ter as suas próprias tarefas de programação e de afetação de recursos para obterem uma melhor eficiência de multicasting, que é fundamental para garantir uma difusão útil aos clientes.

O suporte da difusão múltipla de vídeo codificado em camadas numa rede baseada no IP não é um conceito propriamente novo. Muitos destes investigadores lidam com o assunto como um consumo de recursos de rádio quando consideram o multicast de fluxos de vídeo em camadas em redes sem fios [63- 69]. Kuo et al. [63, 64] propuseram um esquema de afetação de recursos baseado na utilidade, denominado (UE-LEM), para serviços de difusão multicast de vídeo codificado por camadas em redes WiMAX, que ajusta o número de camadas enviadas a cada utilizador e atribui um valor de utilidade a cada camada. Os autores relataram que, sob as mesmas condições, os programas codificados em camadas têm maior utilidade total do que os programas de camada única, o que os torna mais adequados para o ambiente WiMAX. Em [65] e [66], a utilidade global do sistema foi maximizada, enquanto pressupõem que a taxa de vídeo de cada camada muda arbitrariamente. No entanto, a BS não pode personalizar a taxa de camada dada a codificação de vídeo que é efectuada no servidor de vídeo.

Huang et al. [67, 68] propuseram um algoritmo de afetação de recursos de acordo com o multicasting em camadas oportunista, que proporciona uma melhor QoS e eficiência para o multicasting de vídeo em camadas em redes sem fios de banda larga. Eles maximizaram a taxa de transferência mínima efetiva entre todos os consumidores para entregar a camada de base por esquemas adaptativos e de modulação. Ao mesmo tempo, maximizaram a utilidade global das camadas de melhoramento. Assim, a qualidade básica do vídeo pode ser garantida de forma eficiente a todos os consumidores, ao mesmo tempo que se planeia a maior utilidade dos recursos limitados na informação de melhoramento. Para superar a perda de pacotes em cada sessão de multicasting, foram apresentados esquemas de adaptação de FEC. Tsai et al. [69] formularam o desafio do esquema de modulação e codificação para a estrutura em camadas como um problema de maximização da utilidade total (TUMP). Depois, o TUMP foi convertido numa mochila com restrições de precedência, que é um problema NP-completo que inclui a restrição da ordem de empacotamento dos itens.

Entretanto, há vários estudos sobre a questão da afetação de recursos para a distribuição de vídeo multicast escalável em redes sem fios [70- 75]. Hwang e Kim [71] apresentaram um esquema de multicast de vídeo em camadas em serviços sem fios, tendo sido utilizados dois esquemas de modulação neste esquema. Um algoritmo de

BW ótimo foi proposto em [72], assumindo que a capacidade de cada consumidor é limitada pela quantidade de canais recebidos pelos consumidores. Kim et al. [73] propuseram um algoritmo guloso chamado MP-AMC que ajusta a quantidade de faixas horárias atribuídas a cada sessão de vídeo juntamente com o MCS para cada camada em múltiplas sessões de vídeo. O número de camadas que podem ser recebidas por cada utilizador foi resolvido. Procurando corrigir este defeito, Kuo et al. [63] forneceram um algoritmo subótimo U-LEM que ajustava dinamicamente o número de camadas recebidas por cada utilizador com base nas condições do canal e na largura de banda da rede oferecida, de modo a maximizar a utilidade global.

Em [74] e [75], a utilidade global do sistema foi maximizada com base no pressuposto de que a taxa da camada de vídeo variava arbitrariamente. Um algoritmo genético foi apresentado em [70], , que minimizou a distorção global típica dos consumidores alterando adaptativamente os esquemas de modulação para cada camada.

2.8 Eficiência espetral investigada em redes sem fios

A eficiência espetral é uma questão importante, que é a quantidade de largura de banda de dados que uma determinada tecnologia pode extrair de uma certa quantidade de espetro de rádio. Assim, alguns trabalhos recentes exploraram o estudo do desempenho da eficiência espetral em redes sem fios de banda larga, utilizando esquemas de adaptação de ligações. Por exemplo, Ibrahem et al. [76] investigaram a eficiência espetral obtida durante a ligação descendente (DL), aplicando esquemas de adaptação de ligações em redes WiMAX móveis. Os resultados obtidos a partir da sua simulação indicaram que os sistemas que utilizam AMC superam outros que aplicam modulação fixa (FM) juntamente com esquemas de modulação adaptativa (AM). Por outro lado, Anindita et al. [77] avaliaram a eficiência de uma rede Cognitive WiMAX sensível à QoS com diferentes esquemas de modulação para maximizar a eficiência espetral global. A eficiência espetral máxima foi obtida com 64 QAM-5/6.

Além disso, Kim concebeu em [78] um método de camadas cruzadas, que é uma técnica de modelo AMC agressiva para melhorar o limiar SNR do método AMC fornecido no PHY que decidiu a área de cobertura particular para o sistema multicast/broadcast específico em camadas SVC, cumprindo simultaneamente a taxa de perda de fotogramas de efeito atribuída sob a restrição de atraso dos serviços de transmissão em tempo real. A sua investigação mostrou que o modelo apresentado proporciona uma melhoria considerável da eficiência espetral. Neste trabalho, a forma de selecionar a camada de vídeo não é considerada sob diferentes AMC.

No entanto, Wang et al. [79] apresentaram uma técnica para melhorar a eficiência espetral de uma rede MIMO ad hoc através da combinação de várias estratégias da camada física. A sua abordagem melhorou a eficiência espetral global utilizando um algoritmo iterativo de dois níveis: o circuito interno é concebido para a atribuição de potência e a adaptação da ligação; o circuito externo é concebido para a seleção da sub-banda de frequência. A chave do seu algoritmo é a abordagem de empacotamento MCS supostamente gulosa, que tenta empacotar a taxa mais elevada possível no menor número possível de canais próprios. A simulação estabelece a eficiência do seu algoritmo e melhora a eficiência espetral global da rede.

CAPÍTULO 3 IMPLANTAÇÃO DA IPTV (MOBILE TV) EM MÓVEIS WIMAX: UM ESTUDO COMPARATIVO E DE SIMULAÇÃO

Recentemente, a implantação da IPTV ou da televisão móvel pelos fornecedores de telecomunicações em todo o mundo tornou-se uma questão importante e um tema de grande interesse para a investigação, prevendo-se que sejam os principais geradores de receitas no futuro e que a eficiência da transmissão de vídeo através da tecnologia de quarta geração seja uma realidade. Foram especificados vários esquemas de modulação na norma IEEE 802.16e, nomeadamente BPSK, QPSK, 16 QAM, 64 QAM e AMC. Neste capítulo, é feito um estudo comparativo e de simulação do efeito da televisão móvel em redes WiMAX móveis, com esquemas de modulação e codificação fixos e adaptativos, tendo em conta critérios cruciais do sistema e do ambiente, como diferentes codecs de vídeo em tempo real, como MPEG-4, H.264/AVC e SVC, com base em vários factores, incluindo a variação da velocidade do nó móvel, a mobilidade aleatória, a perda de percurso e diferentes classes de serviços de programação, tanto com modulações fixas como adaptativas. Os resultados deste estudo de análise indicam que os esquemas de modulação de adaptação dinâmica, juntamente com esquemas de modulação mais elevados, podem melhorar significativamente a QoS, bem como reduzir a largura de banda global do sistema.

3.1 Introdução

A televisão por protocolo Internet (IPTV) é uma forma de transportar conteúdos áudio e vídeo digitais através de qualquer rede de banda larga baseada no protocolo IP. A implantação de serviços IPTV por fornecedores de telecomunicações em todo o mundo está a aumentar continuamente, transformando-se também numa série de problemas únicos e eficazes para as empresas de telecomunicações, a televisão por cabo e os operadores de televisão por satélite [35]. A tecnologia WiMAX está entre a tecnologia de 4ª geração, que é fiável para fornecer uma elevada QoS a débitos de dados mais elevados para redes baseadas no IP, que foi introduzida comercialmente para suportar serviços multimédia como videoconferência, jogos e também transmissão de televisão móvel que oferece uma velocidade de mobilidade de cerca de 30 km/h num ambiente urbano e suburbano [4, 5].

O grupo de reflexão da União Internacional das Telecomunicações sobre IPTV (ITU-T FG IPTV) descreveu a IPTV como serviços multimédia, como televisão/vídeo/áudio/texto/gráficos/dados, transferidos através de redes IP (também muitas vezes conhecidas por triple play), proporcionando o grau exigido de QoS, juntamente com a experiência do utilizador, a segurança, as caraterísticas interactivas e a fiabilidade. Os serviços de IPTV têm sido suportados por vários tipos de fornecedores de serviços, desde os operadores de televisão por cabo e de televisão por satélite até aos grandes fornecedores de linhas fixas, bem como aos fornecedores de redes privadas em vários ambientes. A IPTV oferece uma vasta gama de capacidades que incluem [35]:

- **Televisão interactiva:** A interatividade implica uma funcionalidade bidirecional dos métodos de IPTV que permite aos fornecedores transmitir toda uma carteira de programas de televisão interactiva, diferentes tipos de serviços de transmissão de vídeo transferidos através de um serviço de IPTV envolvem televisão regular em direto, jogos interactivos, televisão de alta definição (HDTV), bem como Internet de banda larga de alta velocidade.

- **Deslocação no tempo:** A deslocação no tempo é um processo de captura e manutenção de conteúdos IPTV para serem vistos mais tarde, e também o gravador de vídeo digital foi combinado em componentes IPTV que permitem a deslocação no tempo do conteúdo da programação.

- **Personalização:** um sistema E2E IPTV permite que os clientes personalizem os seus comportamentos de visionamento de televisão, permitindo-lhes determinar o que querem realmente ver e quando o querem ver, e também fornecer comunicações bidireccionais.

- **Baixos requisitos de largura de banda:** Em vez de fornecerem cada canal a cada cliente, os sistemas de IPTV permitem que os fornecedores façam fluir o canal que foi solicitado pelo utilizador, permitindo assim que os serviços de rede protejam a largura de banda das redes.

- **Acessibilidade a vários dispositivos:** O visionamento de conteúdos de vídeo em fluxo contínuo não se limita aos ecrãs de televisão. Os clientes utilizam normalmente os seus computadores pessoais e telemóveis para aceder aos serviços de IPTV.

Há objectivos específicos que são suficientes para reagir a uma questão simples, como a razão pela qual estamos a planear utilizar a tecnologia 4G. Algumas das caraterísticas do 4G que o tornam uma tecnologia "acima de tudo" [80] são **Alto desempenho:** Os consumidores terão certamente dificuldade em obter conteúdos multimédia abundantes nas redes sem fios com a tecnologia 3G. Em vez disso, a 4G será provavelmente reconhecida por uma qualidade de vídeo incrivelmente cara, exatamente como a HDTV. **Interoperabilidade e roaming fácil:** As várias normas da 3G dificultam a deslocação e a interoperabilidade entre diferentes sistemas. No entanto, a 4G oferece uma norma mundial que proporciona uma mobilidade universal. **Serviços totalmente convergentes**: No caso de um consumidor desejar obter a rede a partir de um número de diferentes sistemas, dispositivos, computadores portáteis, ou mesmo PDAs, o que é realmente nenhuma taxa para conseguir isso em 4G, que fornece conetividade inteligente e também adaptável para suportar streaming de vídeo, telefonia VoIP, ou mesmo imagens em movimento, e-mailing, navegação na Internet, marketing on-line, bem como serviços baseados em localização através de um número variado de dispositivos que flexível para o usuário final. **Baixo custo:** as técnicas 4G acabaram provavelmente por ser muito mais baratas em comparação com as 3G, porque podem desenvolver as melhores redes existentes, não exigindo que os fornecedores se reequipem totalmente nem que os fornecedores de serviços comprem espetro adicional dispendioso. **Dispositivos:** com um ecrã de fácil utilização, prevê-se que os produtos 4G sejam muito mais visíveis e intuitivos do que os actuais sistemas baseados em texto e menus. **Serviços GPS melhorados:** O modelo 4G da tecnologia GPS pode permitir que os consumidores sejam praticamente encontrados numa série de áreas, bem como encontrar pessoas. **Escalabilidade:** Esta é a questão que mais desafia as redes móveis. Significa a capacidade de aumentar o número de consumidores e de serviços.

Aplicações de gestão de crises: As catástrofes naturais podem estar sujeitas a que toda a infraestrutura comercial de comunicações esteja em desordem. A reparação imediata das comunicações é importante para as comunicações móveis sem fios de banda larga. As redes e os serviços de comunicação vídeo em linha podem ser estabelecidos durante várias horas, em vez de dias ou mesmo semanas, essenciais para a reparação das comunicações com fios.

A televisão móvel é um método que permite aos consumidores transferir e obter aplicações de televisão através de redes por cabo baseadas em IP ou redes sem fios de banda larga. Os consumidores podem beneficiar dos serviços de IPTV em qualquer lugar, utilizando aparelhos móveis. Existem diferentes tipos de métodos tecnológicos de televisão móvel, nomeadamente: a televisão móvel sobre IP, que foi descrita neste estudo de investigação, a IPTV sobre um dispositivo móvel, a IPTV celular e a IPTV via Internet. Definitivamente, com uma rápida adaptação às exigências dos utilizadores, a televisão móvel poderá vir a ser muito apreciada. É adequada para pessoas que podem ver um serviço de IPTV através de várias redes sem fios com aparelhos móveis.

A avaliação do desempenho de qualquer nova tecnologia emergente com várias aplicações é crucial para se poder compreender e melhorar o sistema até ao nível pretendido. A emulação é um tipo de fidelidade excelente do sistema físico que pode ser uma óptima alternativa à simulação. Este capítulo vai muito além de outros que fornecem um estudo abrangente da implementação de IPTV (TV móvel) sobre WiMAX móvel, incluindo informações sobre as caraterísticas e os requisitos dos novos serviços (IPTV) necessários para serem suportados nas nossas redes. Neste capítulo, procuramos responder às seguintes questões relativas a uma implantação de IPTV (TV móvel) em grande escala. Quais são exatamente os requisitos de QoS para o novo serviço que teremos de implementar? A rede existente certamente suportará esse novo serviço e satisfará os requisitos de QoS padronizados? Este trabalho tem como objetivo investigar a eficiência da IPTV (TV móvel) em redes WiMAX móveis sob vários tipos de esquemas de modulação fixa e adaptativa usando o software de simulação OPNET

Modeler. O OPNET Modeler apresenta uma extensa progressão de modelos de sistema, tais como todos os parâmetros necessários que devem ser incluídos no modelo técnico para as camadas PHY e/ou MAC. Foi concebido um conjunto de cenários de simulação no OPNET para as comunicações sem fios. O estudo de investigação, juntamente com os resultados apresentados neste capítulo, centra-se principalmente na utilização de filmes áudio/vídeo em tempo real codificados por diferentes codecs de vídeo, como o MPEG-4. H.264/AVC e SVC para modelação e simulação da implantação de TV móvel em redes sem fios de banda larga. Este capítulo foi concebido para desenvolver um estudo comparativo da eficiência da televisão móvel em relação ao WiMAX móvel, tendo em conta as velocidades móveis, a mobilidade aleatória e os modelos de perda de percurso, tanto com esquemas de modulação adaptáveis como fixos, bem como para identificar os factores que afectam a eficiência do fluxo de vídeo.

3.2 Modelo de sistema

Para investigar a QoS numa rede baseada no IP, é necessário analisar casos reais. É melhor e mais económico estabelecer um tipo de simulação tão próximo da realidade quanto possível, no qual se possam efetuar análises e numerosas considerações de modelos antes da implantação. A simulação deve representar a implantação efectiva da IPTV em redes WiMAX. De acordo com a arquitetura da IPTV sobre redes WiMAX móveis, apresentada anteriormente na secção 2.5, a figura 3.1 mostra uma topologia de rede comum da arquitetura WiMAX que inclui comunicações com linha de vista (LOS) e sem linha de vista (NLOS). Esta rede foi demonstrada como realista e utilizada apenas como estudo de caso. No entanto, o trabalho apresentado neste capítulo pode ser facilmente concebido para redes maiores e gerais.

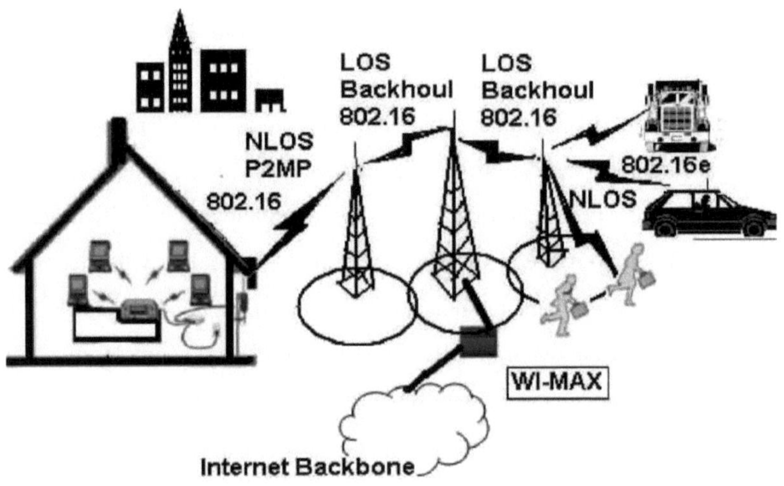

Figura 3.1: Estudo de caso de WiMAX com telefone fixo e móvel [81]

3.3 Metodologia

A Figura 3.2 ilustra um fluxograma de uma metodologia de seis etapas para uma implantação efectiva de novos serviços de IPTV. As duas primeiras etapas são separadas, o que permite a sua realização em paralelo antes de se iniciar a assunção do serviço na etapa 3. Como demonstrado, tanto a etapa 4 como a etapa 5 podem ser realizadas em sequência. As etapas 1 e 2 foram explicadas anteriormente no Capítulo 2, na Secção 2.3 e na Secção 2.5, respetivamente. Por outro lado, as etapas (3, 4 e 5) serão introduzidas nas secções seguintes do presente capítulo. A última etapa é a implantação piloto, que é a área em que os engenheiros técnicos, os assistentes e o grupo de assistência obtêm conhecimentos em primeira mão sobre os sistemas de IPTV e o seu comportamento. Durante a implantação piloto, os novos dispositivos e equipamentos de IPTV são examinados, instalados, sintonizados, verificados, manuseados, supervisionados, etc. Todo o grupo deve ficar satisfeito com a forma como a IPTV funciona, como se combina com outro tráfego, a forma de identificar e resolver eventuais problemas.

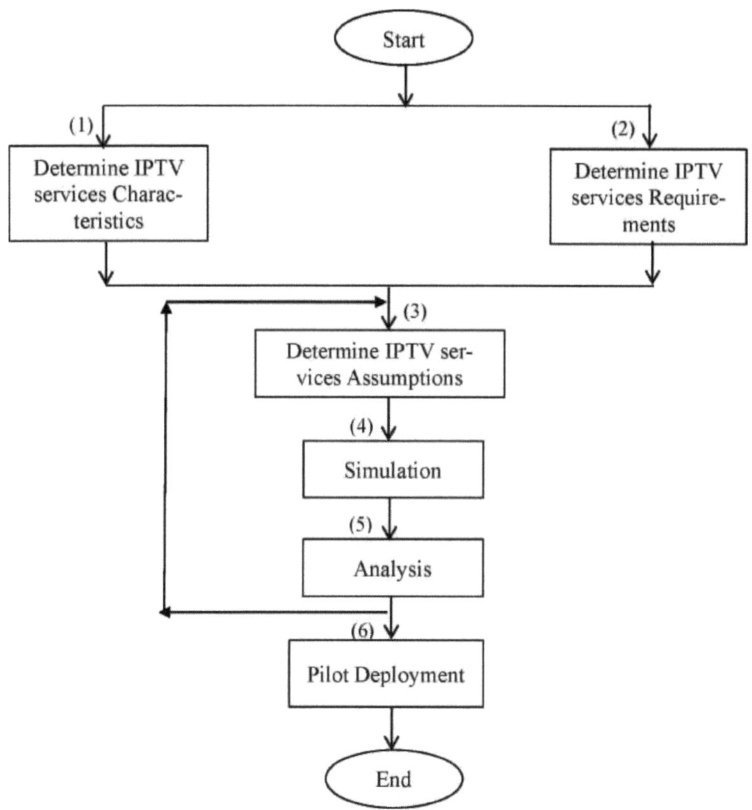

Figura 3.2: Fluxograma que ilustra as etapas da metodologia

3.4 Estudo de caso nº 1: Nó fixo

3.4.1 Modelo de simulação

Esta subsecção descreve o modelo de simulação utilizado para investigar e analisar o efeito do vídeo a pedido (VoD) em redes WiMAX fixas. A simulação foi realizada para avaliar a eficiência do VoD em redes WiMAX fixas, considerando vários critérios, incluindo codecs de vídeo, modelos de perda de percurso e serviços de classe sob tipos fixos de técnicas de modulação para avaliar e analisar o desempenho dos modelos. Inicialmente, consideramos a topologia mostrada na Figura 3.3. Nesta topologia, um servidor de vídeo transmite o vídeo codificado para a SS. Supõe-se que existam n células WiMAX (BS) conectadas ao servidor de vídeo através de redes baseadas em

IP. Uma SS de cada célula liga-se ao servidor e solicita o fluxo de vídeo em tempo real. Parte-se do princípio de que cada SS se encontra a distâncias diferentes da BS, pelo que cada BS atribui uma modulação e uma codificação diferentes à SS. Por exemplo, o QPSK ½ é atribuído ao SS na BS1, o 16 QAM ¾ é atribuído ao SS na BS 2 e o 64 QAM 2/3 é atribuído ao SS na BS n.

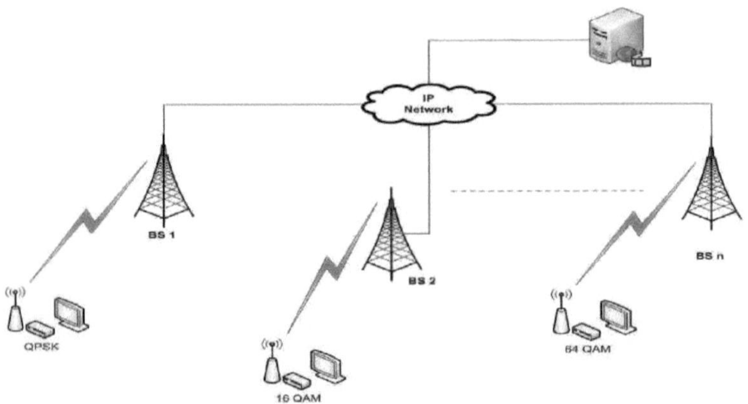

Figura 3.3: Topologia de IPTV (VOD) sobre WiMAX

A figura 3.4 mostra a topologia da rede para o nosso modelo, que consiste numa BS WiMAX com 7 células hexagonais e várias SS no raio de ação de uma BS. Como se pode ver na figura, as BS estão ligadas à rede central por um backbone IP. No entanto, o backbone IP está ligado ao servidor de vídeo através do backbone do servidor, que representa a rede do fornecedor de serviços. O nosso modelo utilizou apenas um SS de cada célula BS (móvel x_1). Este nó em cada célula foi atribuído a um esquema de modulação e codificação MCS diferente, consoante a sua distância da BS. Por exemplo, o móvel 1_1 tem codificação QPSK ½ e etc. O quadro 3.1 apresenta os atributos comuns utilizados neste estudo.

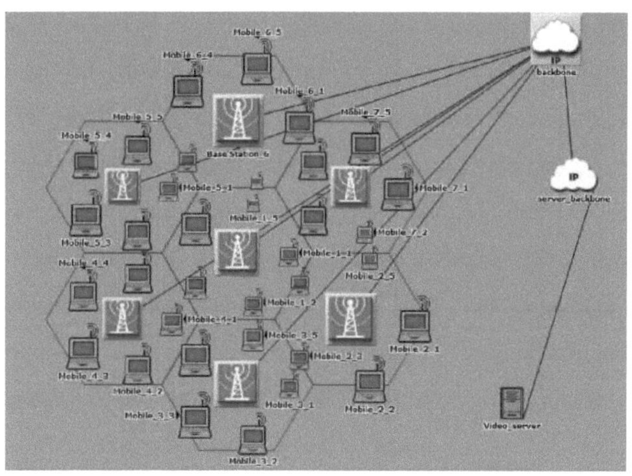

Figura 3.4: Modelo OPNET de IPTV sobre WiMAX fixo

Tabela 3.1: Detalhes da configuração da rede

Rede	Rede WiMAX fixa
Raio da célula	0,2 Km
N.º de estações de base	7
N.º de estações de assinante	5
Modelo de Backbone IP	IP32 nuvem
Modelo de servidor de vídeo	Cabo PPP
Modelo de ligação (BS-Backbone)	PPP DS3
Modelo de ligação (Backbone-servidor Backbone)	PPP SONET OC12
Modelo da camada física	OFDM 5 MHz
Tráfego Tipo de serviços	Vídeo em fluxo contínuo
Aplicação	Transmissão de vídeo real
Programação	rtPS

A implementação do fluxo contínuo de vídeo em redes sem fios é uma tarefa mais difícil durante a transmissão, devido à elevada largura de banda necessária e à sensibilidade do vídeo real ao atraso, em comparação com outras aplicações. Os modelos de tráfego de vídeo com taxa de bits variável (VBR), que representam com precisão as caraterísticas e propriedades estatísticas do vídeo em tempo real, surgiram como uma alternativa atractiva para ultrapassar as desvantagens do CBR [82]. Assim, foram utilizados traços de vídeo VBR de 74 minutos do filme dos Jogos Olímpicos de

Tóquio codificados por diferentes codecs, como MPEG-4 parte 2, H.264/AVC e H.264/SVC, para a nossa simulação. Os traços deste filme com codificação diferente foram adquiridos no Arizona State [12] com uma resolução de fotogramas de [352 * 288], juntamente com uma taxa de codificação de 30 fotogramas por segundo (fps). Neste trabalho de investigação, foram injectados vestígios de áudio com uma taxa de codificação de cerca de 21,6 fps [43]. Na nossa simulação, os traços de vídeo e áudio foram transmitidos separadamente em duas aplicações de videoconferência independentes [83]. Os parâmetros-chave desta configuração de aplicação são o tempo de chegada dos fotogramas e o tamanho dos fotogramas. Os tempos de inter-chegada de entrada são configurados para as taxas de quadros de vídeo e áudio de 30 e 21,6.

3.4.2Resultados e discussão

Simulámos 66 cenários e os resultados obtidos são recolhidos e resumidos em três cenários baseados em diferentes codecs de vídeo, modelos de perda de percurso, bem como várias classes de serviço.

3.4.2.1 Cenário 1: Diferentes codecs de vídeo da aplicação de vídeo

Esta subsecção apresenta os resultados da simulação de três cenários desta categoria. Cada cenário utilizou um codec de vídeo diferente com vários esquemas de modulação em cada célula. O modelo de perda de trajetória no espaço livre e a classe de serviço rtPS foram considerados e mantidos constantes. Esta simulação é utilizada para avaliar os parâmetros de desempenho, nomeadamente: jitter de pacotes, atraso E2E de pacotes, queda de dados e débito do nó móvel. A Figura 3.5(a) - (b) mostra o jitter médio do pacote juntamente com o atraso médio E2E sob vários esquemas de modulação fixos. Para diferentes codificações, o jitter zero indica que a qualidade do vídeo é a melhor. Como mostra a Figura 3.5(a), o jitter médio do fluxo de áudio/vídeo é cerca de zero para esquemas de modulação mais elevados, como (16 QAM e 64 QAM), enquanto o QPSK tem um jitter médio pior com o codec AVC. Por conseguinte, a estação de assinante que utiliza esquemas de modulação mais elevados indica uma melhor qualidade de vídeo em comparação com o esquema de modulação mais baixo (QPSK). Observa-se também que o vídeo codificado por SVC e MPEG-4 tem um melhor jitter médio em comparação com o codec AVC. Por conseguinte, o codec de vídeo SVC é o melhor para a implantação da IPTV. A Figura 3.5(b) mostra o atraso médio E2E para vários codecs de vídeo com esquemas de modulação fixos, como se pode ver que o atraso médio E2E do codec de vídeo SVC e MPEG-4 produziu um atraso E2E de pacote mais baixo com esquemas de modulação e codificação fixos .

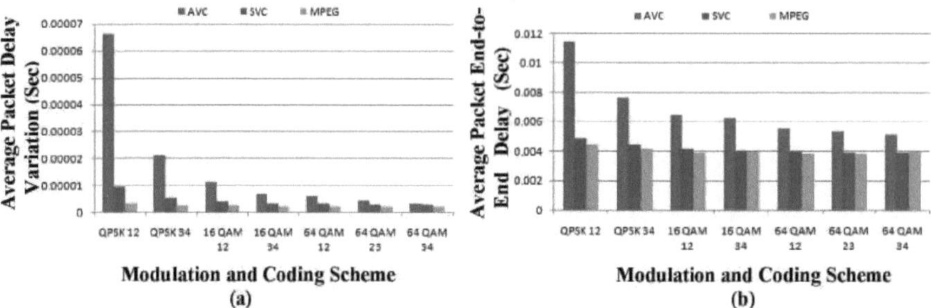

Figura 3.5: (a) Variação média do vídeo e (b) Atraso médio de fim de pacote

Como mostra a Figura 3.6(a), a queda média de dados é significativamente maior quando o vídeo é codificado pelo codec AVC. O efeito da queda de dados diminui naturalmente o rendimento médio do WiMAX, como mostra a Figura 3.6(b). A partir da Figura 3.6(a), observa-se que a queda de dados é muito baixa para o codec de vídeo SVC para todos os esquemas de modulação e codificação. Por outro lado, os outros codecs de vídeo diferentes (AVC e MPEG-4) têm mais dados perdidos. A Figura 3.6(b) mostra o débito médio de WiMAX da SS. Como se pode ver, o débito médio do fluxo de vídeo obtido por SS, codificado por codecs SVC, é mais elevado do que os dados perdidos, como se mostra na figura 3.6(a). Por outro lado, outro codec tem maior taxa de transferência, mas também tem mais dados perdidos. De acordo com os resultados apresentados nas Figuras 3.6(a) - 3.6(b), observa-se que o codec SVC é o melhor codec utilizado para a implantação de IPTV sobre WiMAX, que tem melhor desempenho (alta taxa de transferência, baixa queda de dados) em todas as técnicas de modulação, em comparação com outro codec de vídeo. Em conclusão, a transmissão de vídeos codificados com SVC em redes WiMAX é uma solução eficaz para a implantação da IPTV.

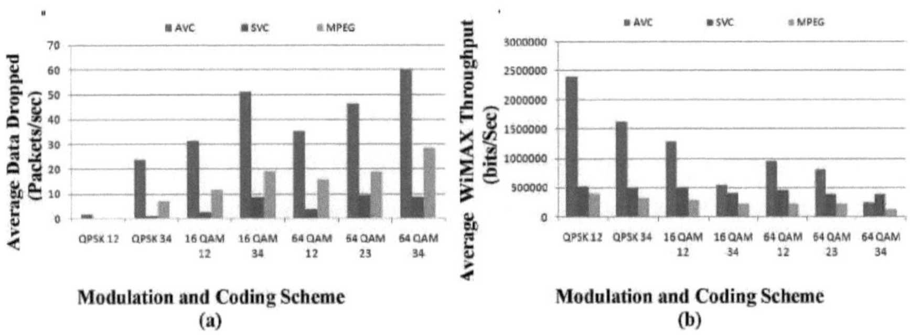

Figura 3.6: (a) Média de pacotes de dados descartados do nó SS e (b) Taxa de transferência WiMAX média para o nó SS

3.4.2.2 Cenário 2: Nó móvel com diferentes perdas de percurso

Os resultados de mais de vinte e oito cenários foram apresentados nesta subsecção, tendo sido observados diferentes parâmetros de desempenho em cada cenário sob vários esquemas de modulação fixa, considerando vários modelos de perda de percurso. Considera-se nesta categoria manter o codec de vídeo com o codec SVC e escalonar as classes de serviço como rtPS.

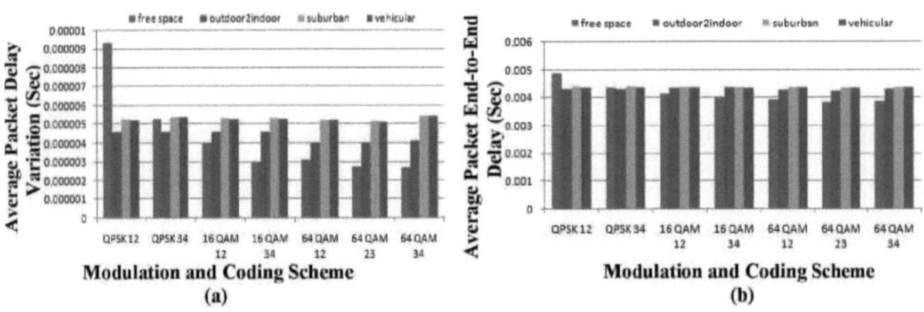

Figura 3.7: (a) Jitter médio do vídeo e (b) Atraso médio de fim de pacote

As redes de células BS de raio fixo foram consideradas para cada um dos modelos de perda de trajetória devido ao facto de o modelo de perda de trajetória de exterior para interior e de pedestre ter sido concebido para redes de células pequenas e micro. O desvanecimento e a propagação multipercurso não foram considerados no modelo de espaço livre. Assim, a perda de percurso seria muito nominal e a relação sinal/ruído recebida (SINR) seria ideal, como se pode ver na Figura 3.7(a) -(b), que mostra que a perda de percurso no espaço livre tem menos desvios de pacotes e também menos atrasos de pacotes E2E com diferentes esquemas de modulação e codificação , exceto o QPSK. Da mesma forma, a Figura 3.8(b) mostra um débito mais elevado para o modelo de propagação em espaço livre com vários esquemas de modulação. Ao mesmo tempo, no modelo fixo suburbano, foi considerado um terreno montanhoso com elevada densidade de árvores, o que implica uma perda de percurso muito elevada devido à dispersão e à propagação multipercurso. No entanto, foi considerado um terreno moderadamente plano no modelo veicular, que é inferior ao do modelo suburbano. Foi observada uma maior queda de pacotes no modelo veicular em comparação com os outros, como se pode ver na Figura 3.8(a), o que dá o débito mais baixo em comparação com os outros, exceto de exterior para interior e pedestre, que é o mais baixo, como se pode observar na Figura 3.8(b). Como resultado, o modelo de espaço livre foi o que produziu menor redução no SINR, o que leva a um melhor rendimento, menor jitter de pacotes, menor atraso E2E de pacotes e também menor queda de dados de pacotes sob vários MCS, como mostram as Figuras 3.7 e 3.8.

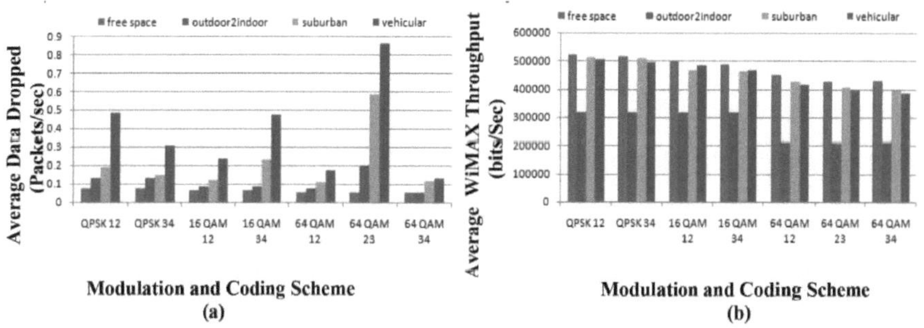

Figura 3.8: (a) Média de pacotes de dados descartados do nó SS e (b) Taxa de transferência WiMAX média para o nó SS

3.4.2.3 Cenário 3: Nó móvel com classes diferentes

Esta subsecção apresenta os resultados de 35 cenários desta categoria em que o codec de vídeo e a perda de percurso se mantêm constantes, o codec de vídeo SVC e o modelo de espaço livre, respetivamente. Foram avaliadas diferentes métricas de desempenho, como o jitter de pacotes, o atraso E2E, a queda de pacotes e a taxa de transferência para

SS com diferentes esquemas de modulação fixa, tendo em conta várias classes de serviço.

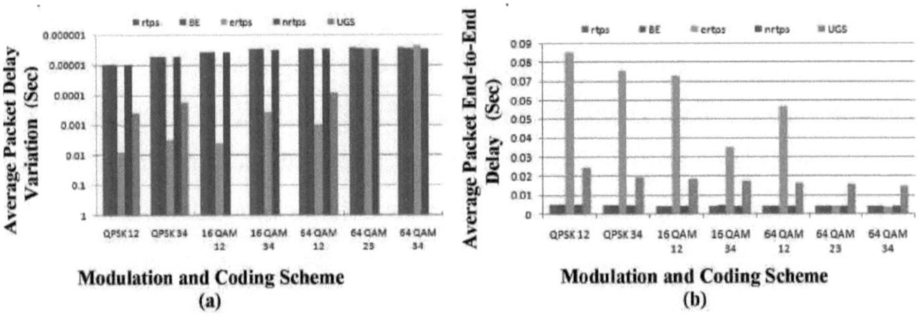

Figura 3.9: (a) Jitter médio do vídeo e (b) Atraso médio de fim de pacote

Sabe-se que o UGS e o ertPS foram concebidos para suportar VoIP [84]. O UGS foi concebido e é normalmente utilizado para a taxa de bits constante (CBR) [85]. Como se observa na Figura 3.9(a) -(b), o ertPS e o UGS têm mais atraso de jitter de pacotes e atraso E2E. Da mesma forma, a Figura 3.10(a) mostra que o UGS e o ertPS têm mais queda de pacotes para todas as modulações e esquemas de codificação que dão menos rendimento, como pode ser observado na Figura 3.10(b). As Figuras 3.9(a) - (b) mostram o jitter de pacotes juntamente com o atraso E2E em várias classes de serviço. Assim, os utilizadores móveis com rtPS, nrtPS e BE obtêm o melhor desempenho sob vários esquemas de modulação que apresentam o mesmo jitter de pacotes e atraso E2E de pacotes. Da mesma forma, a classe rtPS oferece maior rendimento do que as outras classes nrtPS e BE, como pode ser demonstrado na Figura 3.10(b). Além disso, tem uma queda de pacotes mais baixa, como se pode ver na Figura 3.10(a), o que significa que foi concebida para streaming de áudio ou vídeo.

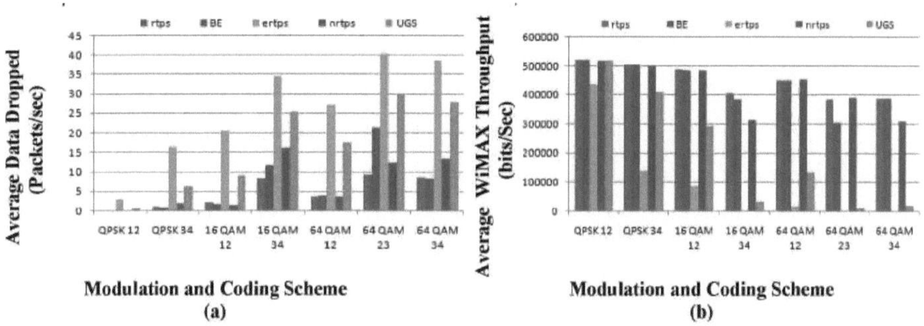

Figura 3.10: (a) Média de pacotes de dados descartados do nó SS e (b) Taxa de transferência WiMAX média para o nó SS

3.5 Estudo de caso # 2: Nó móvel

3.5.1Modelo de simulação

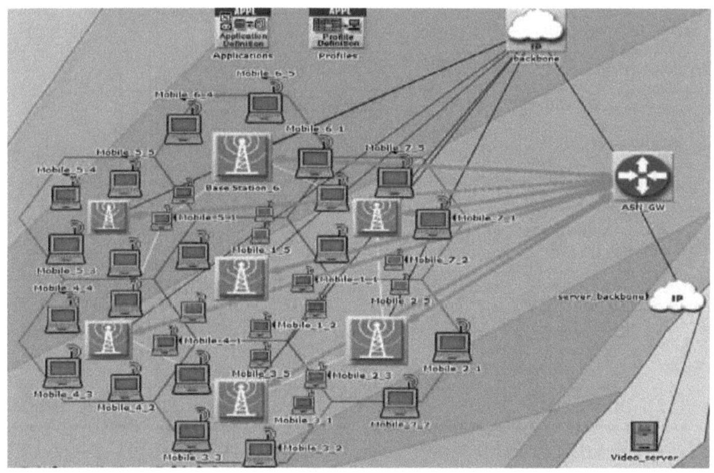

Figura 3.11: Modelo de televisão móvel sobre WiMAX

A topologia da rede para este caso de estudo é apresentada na Figura 3.11, que é uma imagem do modelo de simulação OPNET, que é implementado com um sistema IEEE 802.16 com 7 células hexagonais, utilizando o modo de funcionamento OFDMA - TDD com um raio de 0,2 km. Os MS foram colocados ao alcance de uma BS num padrão de distribuição circular; a largura de banda total foi considerada como 5 MHz, dividida em 512 subportadoras.

A potência máxima de transmissão da BS é considerada de 5W com 15 dBi, que é distribuída uniformemente por todos os subcanais; entretanto, a potência transmitida pelo MS é considerada de 0,5W com -1 dBi. Foi utilizado um gateway ASN-GW para ligar o backbone do servidor ao backbone IP, que suporta a mobilidade na rede WiMAX. Foi utilizado um nó de estação móvel (móvel 5_1) com uma trajetória de mobilidade indicada pela cor branca à volta das células. As linhas pontilhadas bidireccionais verdes representam os túneis de encapsulamento de encaminhamento genérico (GRE). A Tabela 3.2 apresenta os parâmetros de rede que foram considerados.

Tabela 3.2: Detalhes da configuração da rede

Rede	Rede WiMAX móvel
Raio da célula	0,2 Km
N.º de estações de base	7
N.º de estações de assinante	5
Modelo de Backbone IP	IP32 nuvem
Modelo de servidor de vídeo	Servidor PPP
Modelo de ligação (BS-Backbone)	PPP DS3
Modelo de ligação (Backbone-servidor Backbone)	PPP SONET OC12
Modelo da camada física	OFDM 5 MHz
Tráfego Tipo de serviços	Vídeo em fluxo contínuo
Aplicação	Transmissão de vídeo real
Programação	rtPS

Traços de vídeo de taxa de bits variável (VBR) de 74 minutos do filme dos Jogos Olímpicos de Tóquio codificados por diferentes codecs: MPEG-4 parte 2, H.264/AVC e Scalable Video Coding (SVC) de camada única foram utilizados na nossa simulação. Os traços deste filme foram obtidos do Arizona State [12] com uma resolução de fotogramas CIF [352 * 288] e foram considerados 16 (GoP) grupos de imagens para cada codec, juntamente com 30 (fps) fotogramas por segundo. Além disso, foram considerados 21,6 fps para o fluxo de áudio. Os parâmetros das caraterísticas dos codecs de vídeo são apresentados na Tabela 3.3.

Tabela 3.3: Caraterísticas dos traços dos codecs de vídeo

Parâmetros	Tóquio O	filme das olimpíadas	
Codec	MPEG-4 Parte 2	H.264 SVC	H.264 AVC
Rácio de compressão de fotogramas	151.6	18.015	21.709
Tamanho mínimo do quadro (Bytes)	8	22	17
Tamanho máximo do quadro (Bytes)	13992	58150	62269
Tamanho médio do quadro (Bytes)	1003.01	8440	7004
Taxa de quadros de pico (Mbps)	3.36	13.956	14.945
Taxas de quadros médias (Mbps)	0.24	2.0258	1.68
Taxa de quadros (quadros/segundos)	30	30	30

3.5.2 Resultados e discussão

Foram simulados vários cenários de simulação e os resultados obtidos são recolhidos e resumidos em diferentes cenários com base em vários parâmetros-chave, incluindo EM com várias velocidades, vários modelos de perda de percurso, bem como vários tipos de classes sob vários tipos de esquemas de modulação adaptativos e fixos.

3.5.2.1 Cenário 1: Diferentes codecs de vídeo da aplicação de vídeo

Este cenário apresenta os resultados da simulação de uma série de cenários de simulação nesta categoria. Cada cenário utilizou um codec de vídeo diferente com vários esquemas de modulação e codificação. Um modelo de espaço livre, juntamente com a classe rtPS, foi considerado e mantido constante durante este cenário. Esta simulação é utilizada para avaliar as métricas de desempenho, incluindo o jitter de vídeo, o atraso E2E e também a queda de pacotes MS WiMAX juntamente com a taxa de transferência MS.

A Figura 3.12(a) - (b) mostra o jitter médio do vídeo juntamente com o atraso médio E2E sob vários esquemas de modulação adaptativos e fixos. Como é do nosso conhecimento, zero ou cerca de jitter indicam uma boa qualidade. Assim, como se mostra na Figura 3.12(a), o jitter médio de áudio/vídeo é cerca de zero para os esquemas de modulação adaptativa e alta em comparação com o QPSK, que tem uma variação pior de jitter para o codec de vídeo AVC. Assim, observa-se que o codec de vídeo SVC e o MPEG-4 têm um jitter médio melhor do que o codec AVC. Portanto, o vídeo codificado por SVC é o melhor para a implantação de IPTV. A Figura 3.12(b) demonstra o atraso médio de extremo a extremo para vários codecs de vídeo com esquemas de modulação adaptativos e fixos, como se pode observar que o atraso médio E2E de vários codecs de vídeo dá um atraso E2E de pacote mais baixo quando codificado por SVC e MPEG-4 do que com vários esquemas de modulação e codificação adaptativos e fixos.

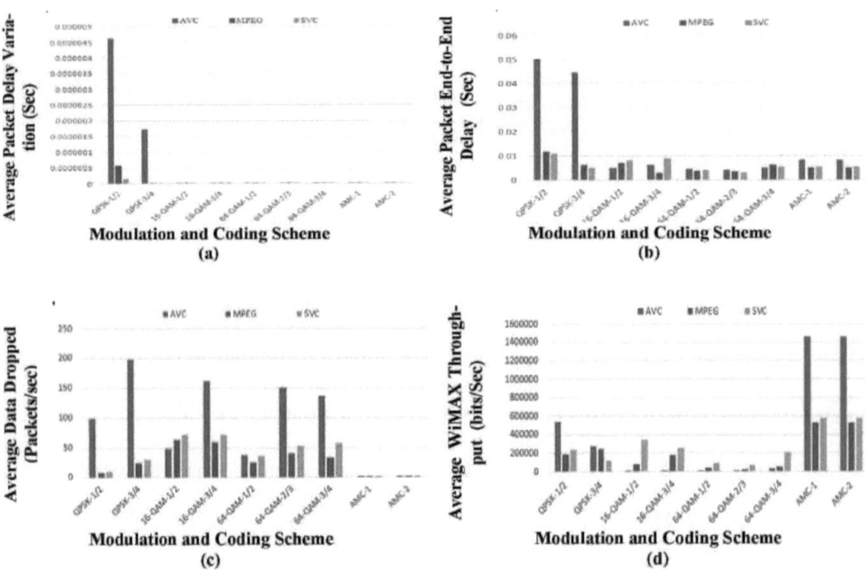

Figura 3.12: (a) Variação média do vídeo, (b) Atraso médio de fim de pacote, (c) Pacote médio de dados descartado para o nó SS e (d) Taxa de transferência WiMAX média para o nó SS

Como mostra a Figura 3.12(c), a queda média de dados é significativamente maior quando o vídeo é codificado pelo codec AVC. O efeito da queda de dados diminui naturalmente o rendimento médio do WiMAX, como mostra a Figura 3.12(d). A partir da Figura 3.12(c), observa-se que a queda de dados é muito baixa para o codec de vídeo SVC para todos os esquemas de modulação e codificação. Por outro lado, os outros codecs de vídeo diferentes (AVC e MPEG-4) têm mais dados perdidos. A Figura 3.12(d) mostra o débito médio WiMAX das EM. Como se pode ver, o débito médio do SVC é mais elevado em comparação com os dados perdidos, como se mostra na Figura 3.12(c). Por outro lado, outros codecs têm maior taxa de transferência, mas também têm mais dados perdidos. De acordo com os resultados apresentados na Figura 3.12, observa-se que o codec SVC é o melhor codec utilizado para a implantação de IPTV sobre WiMAX, com melhor desempenho (maior taxa de transferência, menor queda de dados e menor atraso E2E com menor variação do atraso de jitter) em todas as técnicas de modulação, em comparação com os outros codecs de vídeo. Em conclusão, a transmissão de vídeos codificados com SVC em redes WiMAX é uma solução eficaz para a implantação da IPTV.

3.5.2.2 Cenário 2: Nó móvel com velocidades diferentes

Este cenário avaliou o efeito de diferentes velocidades no desempenho da televisão móvel no que respeita a vários esquemas de modulação fixa e adaptativa disponíveis no IEEE 802.16e. A taxa de transferência média, a queda de dados, o atraso de ponta a ponta e o jitter para o vídeo SVC são avaliados sob vários esquemas de modulação e codificação e apresentados os efeitos das velocidades na eficiência da TV móvel. O modelo de espaço livre, juntamente com a classe rtPS, são considerados constantes durante a simulação, enquanto a velocidade móvel é de kmph.

A Figura 3.13(a) mostra o jitter médio da TV móvel em várias velocidades. De acordo com o conhecimento do autor, a qualidade do vídeo é melhor se o jitter for zero. Os utilizadores móveis com modulação adaptativa (AMC) ou esquemas de modulação ainda mais elevados obtêm um jitter melhor do que os outros esquemas QPSK, que ronda os 2,5753E-05 segundos a diferentes velocidades móveis, como se pode ver na Figura 3.13(a). Além disso, o utilizador móvel com esquemas de modulação adaptativos ou superiores obtém um atraso E2E inferior ao de outros QPSK a várias velocidades móveis, como se pode ver na Figura 3.13(b).

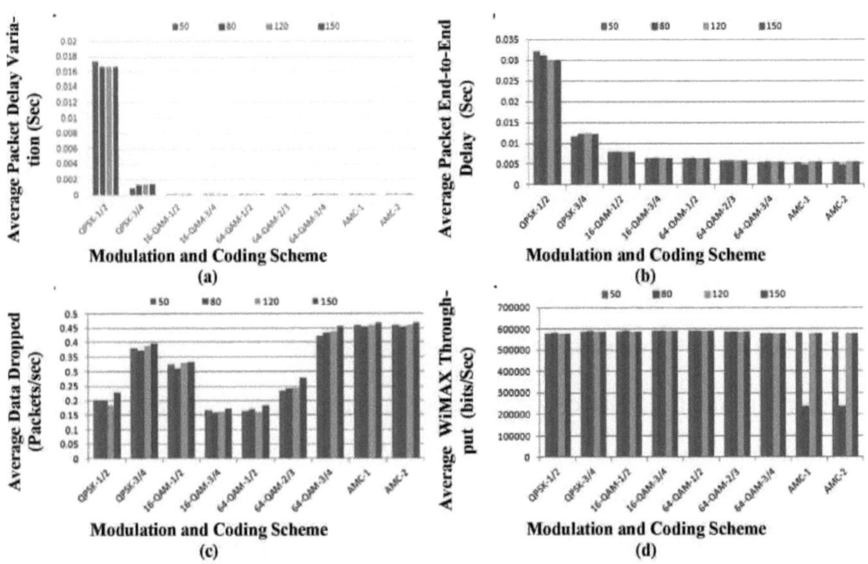

Figura 3.13: (a) Variação média do vídeo, (b) Atraso médio de fim de pacote, (c) Dados médios do pacote descartados para o nó SS e (d) Débito médio do WiMAX para o nó SS

O aumento da velocidade da rede móvel afecta a perda de pacotes das EM. A queda de dados aumenta com o aumento da velocidade das EM. Além disso, a frequência de desativação aumenta com o aumento da velocidade da EM. A Figura 3.13(c) apresenta a queda média de dados, que é significativamente mais elevada quando a velocidade da EM atinge os 150 kmph. Naturalmente, o aumento das quedas de dados diminui o débito médio para essa EM, como se pode ver na Figura 3.13(d). A estação móvel com 16 QAM 3/4, 64 QAM ½ e 64 QAM 2/3 MCS obtém menores quedas de dados a várias velocidades, como se pode observar na Figura 3.13(c). No entanto, o esquema de modulação de ordem superior é mais sensível à SNR. Por outro lado, a MS enfrenta diferentes SINR enquanto viaja através da célula que se baseia na distância da BS, bem como no ambiente de propagação. Enquanto a MS se desloca através das células, a SNR diminui quando a distância em relação à BS aumenta. Assim, o MCS de ordem superior dá mais BLER do que o MCS de ordem inferior para o mesmo valor de SNR. Os utilizadores móveis com esquemas de modulação adaptativa (AMC) e 64 QAM ¾ de ordem superior obtêm mais quedas de dados do que os outros com várias velocidades. Os utilizadores móveis com modulações de ordem superior (16 QAM ¾, 64 QAM ½ e 64 QAM 2/3) têm melhor débito médio, como se pode observar na Figura 3.13(d). Como resultado, as modulações utilizadas pelos utilizadores móveis (64 QAM ½ e 16 QAM ¾) apresentam um melhor desempenho, como um débito elevado com baixa queda de dados, em comparação com outras técnicas de modulação.

3.5.2.3 Cenário 3: Nó móvel com mobilidade aleatória

A taxa de transferência média, a queda de dados, o atraso E2E e o jitter para vídeo SVC são comparados com vários esquemas de modulação fixa e adaptativa. A Figura 3.14(d) mostra o débito médio na camada MAC, enquanto a Figura 3.14(c) apresenta o pacote de queda médio na camada PHY, considerando diferentes esquemas de modulação fixa e adaptativa. Este cenário investigou o efeito da mobilidade aleatória para a televisão móvel com vários esquemas de modulação fixa e AMC. No entanto, o modelo de propagação em espaço livre e a classe rtPS são considerados durante a simulação.

A Figura 3.14(a) mostra o jitter médio de vídeo da televisão móvel em caso de mobilidade aleatória. Como se pode ver, o jitter médio de vídeo é cerca de zero em vários esquemas de modulação fixa e adaptativa, exceto QPSK ½ e 64 QAM ½, porque talvez a velocidade e o caminho no EM que é alterado aleatoriamente sejam elevados e estejam longe da célula BS. A figura 3.14 (b) mostra o atraso médio E2E da mobilidade aleatória, como se pode ver, observou-se um atraso menor dos pacotes E2E para a televisão móvel com modulação adaptativa (AMC) e esquemas de modulação mais elevados (16 QAM, 64 QAM) em comparação com o QPSK, exceto em 64 QAM ½ e 16 QAM ½.

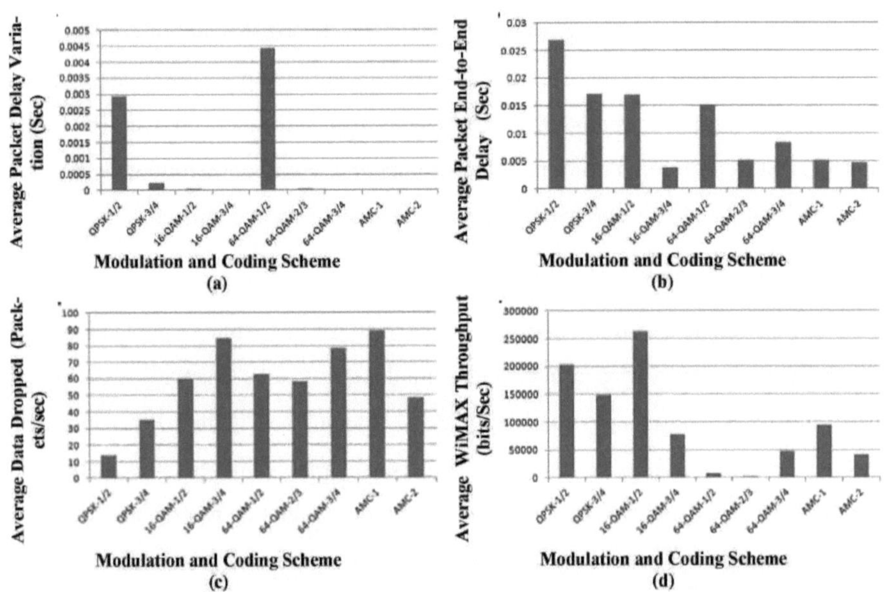

Figura 3.14: (a) Variação média do vídeo, (b) Atraso médio de fim de pacote, (c) Pacote médio de dados descartado para o nó SS e (d) Taxa de transferência WiMAX média para o nó SS

Como se pode ver na Figura 3.14(c), a queda média de dados é significativamente mais elevada quando a EM se desloca aleatoriamente com diferentes esquemas de modulação fixa e adaptativa. A Figura 3.14(c) mostra que a queda de dados é muito baixa para os esquemas de modulação QPSK e varia com a mobilidade aleatória das EM. Por isso, os esquemas de modulação adaptativos e superiores têm mais dados perdidos. Assim, o QPSK e o 16 QAM ½ têm melhor rendimento médio quando comparados com os outros, como se pode observar na Figura 3.14(d). De acordo com os resultados obtidos nas Figuras 3.14(c) - (d), observa-se que os utilizadores de EM com esquemas de modulação QPSK ¾ e 16 QAM ½ apresentam um melhor desempenho, com maior débito e menor queda de dados, bem como menor jitter e atraso E2E, em comparação com os outros.

3.5.2.4 Cenário 4: Nó móvel com diferentes perdas de percurso

Este cenário avaliou o efeito de diferentes modelos de perda de percurso no desempenho da televisão móvel com vários esquemas de modulação fixa e adaptativa.

A taxa de transferência média, a queda de dados, o atraso E2E e o jitter de vídeo para vídeo SVC são avaliados em tendo em conta vários esquemas de modulação fixos e adaptativos, e também se mostra o modelo de perda de percurso adequado que proporciona o melhor desempenho para a televisão móvel. A velocidade dos utilizadores móveis e a classe de programação são consideradas constantes: 50 km/h e rtPS. Foi considerado um raio fixo (pequeno) para todos os modelos de perda de trajetória. Devido ao facto de os modelos de perda de percurso de exterior para interior e para peões terem sido concebidos para redes WiMAX de pequenas e micro células. No modelo de propagação exterior-2-interior, o nó MS enfrenta mais perdas de dados quando se afasta da BS, e também se for necessária uma modulação mais elevada, como 64-QAM, a SNR diminui mais e obtêm-se mais perdas de dados, como se pode observar na Figura 3.15(c). Por outro lado, as Figuras 3.15(a)-(b) mostram um menor jitter e um menor atraso E2E no modelo outdoor-2-indoor. De acordo com os resultados obtidos na Figura 3.15, o espaço livre é o melhor modelo de propagação para a implantação da televisão móvel, que obtém um melhor desempenho com esquemas de modulação adaptativos e fixos. O nó MS muda frequentemente a sua modulação com base na redução do SINR com a diminuição da distância da BS, o que mostra um maior rendimento com a modulação adaptativa (AMC), como se pode ver na Figura 3.15(d). O modelo de propagação exterior-2-interior apresenta mais quedas de dados, o que dá um débito mais baixo em comparação com outros esquemas de modulação, como se pode observar na Figura 3.15(d).

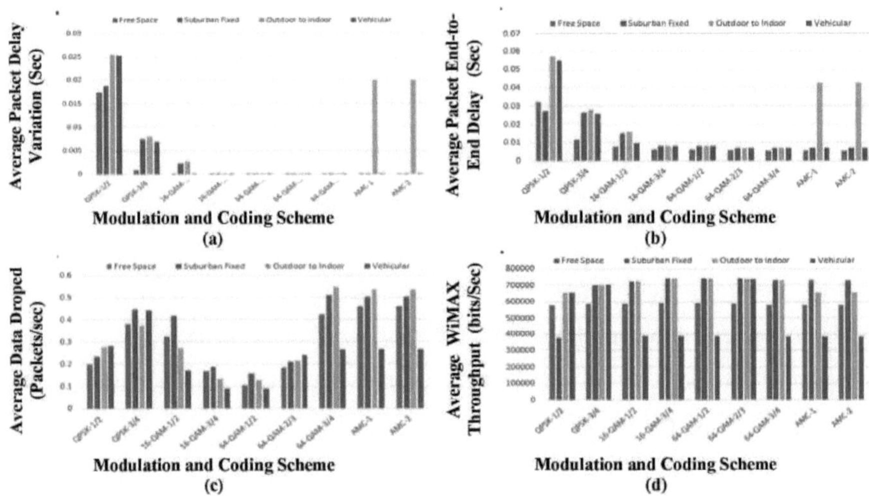

Figura 3.15: (a) Variação média do vídeo, (b) Atraso médio de fim de pacote, (c) Pacote médio de dados descartado para o nó SS e (d) Taxa de transferência WiMAX média para o nó SS

3.5.2.5 Cenário 5: Nó móvel com classes diferentes

Este cenário investigou os estudos de desempenho da TV móvel sob vários esquemas de modulação adaptativos e fixos, considerando diferentes classes de serviço; o modelo de perda de percurso, juntamente com a velocidade móvel, são considerados constantes como espaço livre e 50

kmph.

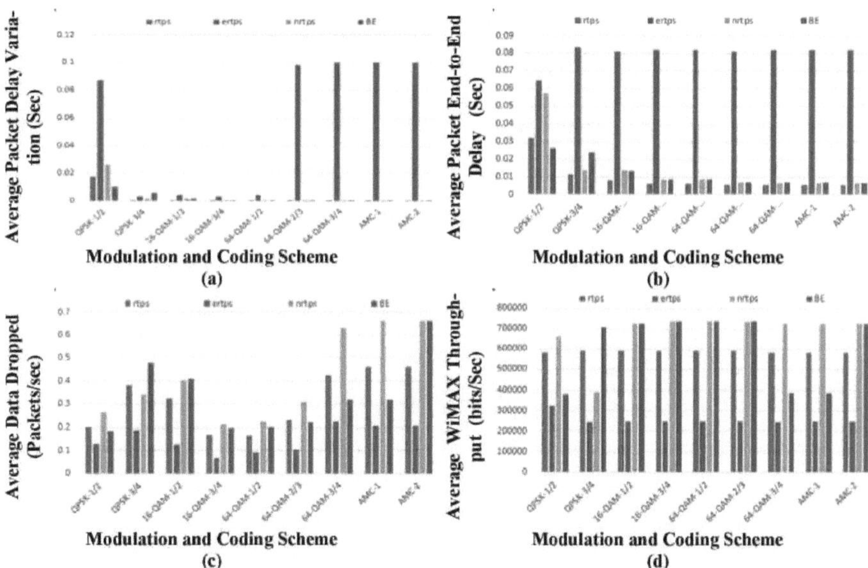

Figura 3.16: (a) Variação média do vídeo, (b) Atraso médio de fim de pacote, (c) Dados médios do pacote descartados para o nó SS e (d) Taxa de transferência WiMAX média para o nó SS

Porque o UGS foi concebido para CBR [85] e os nossos traços de vídeo são VBR. Por isso, não é considerado na nossa simulação. O ertPS foi concebido para suportar aplicações em tempo real, como o serviço VoIP, pelo que tem mais jitter de vídeo e atraso E2E, como se pode ver na Figura 3.16(a)-(b), em comparação com as outras classes. Por conseguinte, de acordo com a Figura 3.16, a classe rtps apresenta um débito mais elevado do que as outras classes, a nrtPS e a BE.

3.6 Resumo

Este capítulo apresenta um estudo comparativo do desempenho das principais questões que afectam a televisão móvel durante a sua implementação numa rede WiMAX móvel. Estas questões-chave incluem velocidades móveis, codecs de vídeo, modelos de propagação, bem como classes de serviço sob diferentes esquemas de modulação adaptativos e fixos. Este estudo de desempenho foi efectuado com o simulador OPNET e investigado em termos de jitter, atraso E2E, débito e perda de dados. Os resultados obtidos a partir da simulação indicaram que o codec de vídeo SVC é o codec adequado para a implantação da IPTV, o que melhorou a qualidade do vídeo. Além disso, a modulação adaptativa (AMC) e os esquemas de modulação mais elevados proporcionam um melhor desempenho.

Os resultados obtidos neste estudo de simulação mostram que o modelo de espaço livre é o modelo de propagação mais adequado para a implementação de IPTV em relação a várias velocidades, no entanto, o modelo outdoor-2-indoor é o pior caso, com a maior taxa de queda de pacotes. Além disso, este estudo de investigação mostra que a classe rtPS é o serviço de agendamento mais adequado para a implementação de IPTV em redes WiMAX móveis. As limitações deste estudo de investigação prendem-se com determinados pressupostos, como a potência de transição, o ganho da antena, a frequência de funcionamento do portador e a largura de banda do canal.

CAPÍTULO 4 UM ESQUEMA EFICIENTE DE ADAPTAÇÃO DE MULTICAST DE VÍDEO PARA A TRANSMISSÃO DE VÍDEO CODIFICADO EM CAMADAS EM REDES WIMAX MÓVEIS

O envio e a entrega económicos de vídeo para dispositivos com exigências e funcionalidades heterogéneas têm colocado problemas substanciais do ponto de vista da utilização da rede. Embora seja possível fornecer várias qualidades de vídeo a clientes individuais utilizando fluxos de dados autónomos, esta abordagem é seriamente insuficiente, uma vez que não é capaz de manipular as dependências implícitas desses fluxos de dados. A codificação de vídeo escalável (SVC) oferece uma solução alternativa para apelar aos utilizadores finais com inúmeras necessidades de qualidade. Neste capítulo, foi investigado o problema da transmissão de vídeo escalável em sistemas de multicast de vídeo móvel, em que cada fluxo de vídeo foi codificado num fluxo escalável com várias camadas, e mesmo quando vários fluxos de vídeo são transmitidos simultaneamente através de um canal aéreo comum para vários aparelhos com vários recursos heterogéneos. Além disso, foi altamente recomendado um esquema eficiente de adaptação da difusão múltipla de vídeo, que melhora a qualidade do vídeo para receptores heterogéneos, juntamente com várias condições do sistema. Os resultados obtidos com a simulação demonstram que a melhoria da qualidade do vídeo em várias circunstâncias do canal foi demonstrada através da degradação graciosa associada a estes canais em relação ao débito médio e ao rácio de perda de pacotes.

4.1 Introdução

De facto, os telemóveis têm recursos heterogéneos, como a resolução do ecrã, a funcionalidade do descodificador e a capacidade da bateria. Por exemplo, embora os computadores portáteis possam certamente apresentar um ecrã de 720p (1280x720), a maioria dos telemóveis apenas possui ecrãs QVGA (320x240). Por conseguinte, é muito importante assistir simultaneamente cada um destes telemóveis. A transmissão de um filme vídeo relevante em resolução QVGA conduz a uma qualidade de vídeo inadequada nos computadores portáteis. Embora a transmissão numa resolução mais elevada implique um aumento da sobrecarga, há um maior consumo de energia nos telemóveis sem uma melhoria significativa da qualidade. Além disso, a transmissão de vídeo em resolução de 720p pode fazer com que os telemóveis que não são computacionalmente adequados deixem de ter acesso aos fornecedores de difusão de vídeo celular [86]. Para resolver parcialmente este problema, os fornecedores de sistemas podem transmitir cada vídeo em vários tipos, sendo que cada tipo é direcionado para um tipo de dispositivo de telemóvel. É o que se designa por difusão de vídeo em várias versões. A difusão de múltiplas versões é insuficiente em termos de débito, uma vez que diminui eficazmente a variedade de fluxos de vídeo que podem ser difundidos simultaneamente.

O multicast, por outro lado, é obviamente uma técnica importante para obter informações distribuídas que envolvem o espetro sem fios para fornecer dados relevantes acessíveis a vários utilizadores em simultâneo, reduzindo assim o consumo de recursos úteis sem fios. O desafio de fornecer streaming de vídeo multicast em redes sem fios de banda larga seria definitivamente a condição de ligação para cada consumidor dentro do grupo multicast idêntico e também não é certamente semelhante ao local do BS específico e/ou congestionamento da rede. O desafio existente quando se utiliza um esquema adaptado de modulação e codificação em serviços multicast sem fios pode ser o facto de vários consumidores experimentarem condições de canal heterogéneas devido ao seu alcance em relação às torres de telemóveis ou talvez à localização. O esquema de modulação e de codificação (MCS) específico e útil, obtido eficazmente pela maioria dos utilizadores sem fios dentro do grupo multicast, é geralmente utilizado para satisfazer a maioria dos consumidores. Por esta razão, a taxa de dados e a qualidade do vídeo no grupo multicast são geralmente limitadas aos utilizadores na extremidade da célula que têm as piores condições de canal [87].

A codificação de vídeo escalável (SVC) apresenta normalmente uma escalabilidade favorável à rede, juntamente com compatibilidade à escala do fluxo de bits, com uma melhoria normal da complexidade do descodificador relativamente ao H.264/AVC de camada única [9]. Mantém funcionalidades como a taxa de bits, o formato dos dados, para além da adaptação da potência e da degradação graciosa em condições de comunicação com perdas. É certamente adequado para descodificadores H.264. O SVC proporciona melhorias substanciais na eficiência da codificação com um nível reforçado de escalabilidade garantida, de acordo com o esquema escalável das anteriores normas de codificação vídeo. O interesse pela codificação de vídeo modulável, que permite uma adaptação imediata às especificações específicas da aplicação, incluindo a funcionalidade de visualização e processamento de dispositivos objectivos e numerosas circunstâncias de transmissão, decorre do avanço contínuo da obtenção de dispositivos, juntamente com a utilização crescente de sistemas de comunicação que foram identificados por várias qualidades de associação. A Figura 4.1 apresenta um ambiente convencional de fluxo contínuo de vídeo com receptores heterogéneos.

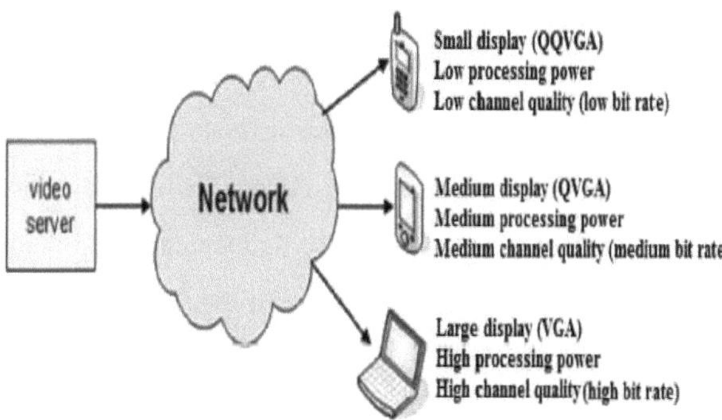

Figura 4.1: Transmissão de vídeo com dispositivos de receção heterogéneos e condições de rede variáveis [88]

Foram concebidos dois tipos de esquemas de modulação e codificação adaptativos (AMC) para determinar o conjunto ótimo de limiares de SNR, incluindo modelos de limiares AMC agressivos e AMC conservadores [89, 90]. O conceito de modelo AMC agressivo é normalmente utilizado para utilizar uma modulação e codificação mais elevadas, permitindo uma restrição mais flexível da taxa de perda de fotogramas (FLR) em possibilidades de transmissão anteriores. Quando a transmissão agressiva anterior é negligenciada, pode ser utilizado um MCS mais robusto para a transmissão, talvez capitalizando a variedade de diversidade que se realizou sobre as possibilidades de transmissão extra, porque várias transmissões desnecessárias são aprovadas dentro da restrição de atraso apresentada. O modelo AMC agressivo identificará certamente os limiares SNR óptimos para garantir que a especificação QoS possa ser satisfeita ao longo de toda a restrição de atraso fornecida. No entanto, o modelo AMC conservador foi concebido para satisfazer a especificação de QoS com precisão em cada transmissão, sem utilizar as possibilidades de transmissão extra dentro da restrição de atraso. Verificou-se anteriormente que o modelo AMC agressivo permite obter um ganho significativo na eficiência da largura de banda em relação ao modelo AMC convencional.

Este capítulo vai significativamente mais longe do que o trabalho anterior em [19], que propõe um esquema eficiente de adaptação de multicast de vídeo para streaming de vídeo em camadas em redes WiMAX móveis, que adaptará graciosamente a qualidade de vídeo de receptores heterogéneos para além de condições de rede variáveis. Em contraste com o trabalho anterior de [19], o trabalho de investigação e os resultados apresentados neste capítulo centram-se principalmente na utilização de um esquema agressivo como limiar para o agrupamento de utilizadores. Além disso, esta questão existente delineou o sistema multicast com o esquema FEC da camada de aplicação. No entanto, a eficiência do sistema foi alcançada através da utilização de estratégias AMC agressivas dependentes de um canal de feedback. A propriedade associada à codificação escalável é útil quando se utiliza a capacidade melhorada da mobilidade do utilizador. O trabalho de investigação e os resultados apresentados neste trabalho centram-se principalmente na implementação do fluxo de vídeo SVC em tempo real para modelação em conjunto com a simulação da implementação da codificação em camadas de vídeo multicast em redes WiMAX móveis. O seu principal objetivo é desenvolver algum tipo de estudo eficiente relacionado com a transmissão de vídeo multicast em camadas em redes WiMAX móveis sob receptores heterogéneos, como forma de investigar e analisar o comportamento do cliente. A simulação foi efectuada com o modelador OPNET.

Todo o conteúdo deste capítulo está normalmente estruturado da seguinte forma: A

Secção 4.2 descreve a transmissão de vídeo escalável através de um sistema de multicasting. A arquitetura da difusão múltipla de vídeo em camadas nas redes WiMAX móveis é explicada na secção 4.3. A secção 4.4 propõe um esquema de adaptação eficiente para a transmissão de vídeo multicasting codificado por camadas, que fornece as fases úteis específicas desta abordagem. O modelo de simulação, juntamente com os seus parâmetros, foi apresentado na secção 4.5. Os resultados da simulação, juntamente com a análise, são normalmente obtidos na Secção 4.6. A Secção 4.7 é, naturalmente, um resumo deste modesto esforço de investigação.

4.2 Transmissão de vídeo escalável para sistemas de multicasting

Devido ao facto de a SNR média de cada assinante depender da perda de percurso e também do desvanecimento (por exemplo, sombras e/ou desvanecimento) num sistema de telemóvel, o fluxo de dados multicast é essencialmente limitado pelo assinante com menor eficiência. Para serviços unicast, o remetente pode selecionar adaptativamente um MCS de acordo com a qualidade do canal e as capacidades do dispositivo em qualquer destinatário individual. Este tipo de modulação e codificação adaptativas (AMC) desempenha um papel significativo no aumento da capacidade de largura de banda, especialmente porque a qualidade do canal difere entre os numerosos assinantes nos sistemas móveis. No entanto, a dificuldade com a AMC nos serviços multicast sem fios ocorre normalmente quando vários consumidores se deparam com condições de canal heterogéneas, o transmissor sem fios deve utilizar a MCS mais robusta, que é altamente manipulada eficazmente por cada utilizador sem fios no grupo multicast, a fim de satisfazer cada recetor. Consequentemente, a qualidade do vídeo e a taxa de dados de multicast são normalmente limitadas pelos subscritores que têm piores condições de canal.

Foram utilizados vários esquemas de modulação e codificação para várias camadas das sequências de vídeo escaláveis para resolver o problema da taxa de dados mais baixa causada pelos assinantes com pior qualidade de canal, de modo a que os assinantes em situações de canal de alta qualidade obtivessem muito mais camadas de melhoramento para receberem uma excelente qualidade de vídeo. Por outro lado, os subscritores em situações de canal de má qualidade obtiveram menos camadas de melhoramento para obterem uma qualidade de vídeo essencial. No entanto, o fluxo de vídeo SVC fornece uma camada de base e uma ou mais camadas de melhoramento. A camada de base apresenta a qualidade, a velocidade de fotogramas e a resolução mais baixas do vídeo. No entanto, as camadas de melhoramento apresentam o vídeo idêntico com uma qualidade, uma velocidade de fotogramas ou uma resolução cada vez melhores. Por conseguinte, os esquemas de modulação adaptativa combinados com o fluxo de vídeo SVC constituem uma excelente solução para o fluxo de vídeo multicast em redes sem fios [63- 69].

4.3 Modelo de sistema

Neste trabalho, foi considerado um sistema de multicast downlink, que adopta os esquemas AMC para fornecer um multicast de vídeo em camadas sobre serviços celulares, bem como sobre o sistema WiMAX móvel. Nesta secção específica, foi apresentado um modelo aprofundado do modelo de transmissão de vídeo em camadas com um canal de retorno típico. A arquitetura do sistema de multicast de vídeo em camadas sobre um único BS é apresentada na Figura 4.2. Esta arquitetura tem certamente três entidades principais, incluindo o servidor de alojamento de vídeo, a estação de base WiMAX (BS) e as estações móveis (MSs). No entanto, cada MS calcula e comunica ocasionalmente as informações do canal à BS WiMAX. Os MSs podem aceder à Internet através da BS. Suponhamos que há um par de MSs inscritos num grupo multicast e que se inscrevem num fluxo de vídeo escalável V que contém m camadas de vídeo L = {l1, l2,..., lm}. O anfitrião de vídeo fornece uma camada de vídeo V à BS através da Internet. Além disso, a BS fornece n MCSs {M1, M2,...,Mn}.

Quando um grupo de utilizadores solicita um fluxo de vídeo num sistema sem fios de banda larga, todas as camadas de vídeo são indubitavelmente entregues à BS. No entanto, cada camada única é encaminhada para a BS como grupo multicast. Em seguida, a BS WiMAX decide o número de receptores para cada camada de vídeo e programa-a através de esquemas de modulação de adaptação específicos. Além disso, em cada quadro programado, cada camada única é transferida através de uma rajada

MBS separada. Para ilustrar, tal como apresentado na Figura 4.2, a BS prefere QPSK, que é efetivamente o MCS mais eficiente e robusto para incluir todos os MS no grupo multicast, apesar de haver certamente certos MS (por exemplo, MSs1, MSs2 e MSs3) que são definitivamente fornecidos com a melhor taxa de dados MCS (por exemplo, 16QAM, 64 QAM). Assim, a taxa de dados de multicast é restringida nos MSs que oferecem as piores condições de canal (por exemplo, MSs 4). Por conseguinte, a eficiência espetral é geralmente inadequada. A figura 4.3 mostra a qualidade do vídeo sob vários padrões de camadas de vídeo; quanto mais camadas de vídeo uma EM obtiver, mais eficiente será certamente a qualidade do vídeo. O objetivo deste trabalho de investigação consiste em melhorar a qualidade de vídeo de utilizadores heterogéneos em diferentes condições do sistema.

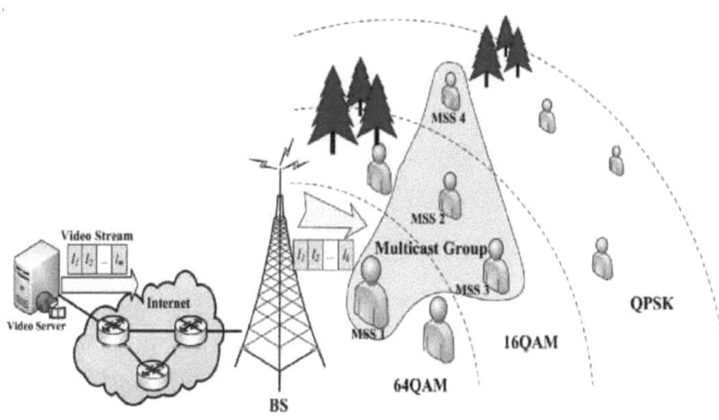

Figura 4.2: Multicasting de vídeo em camadas através de WiMAX móvel [69]

Figura 4.3: Qualidade de vídeo das EM com base em vários números de camadas de vídeo

obtidas.

4.4 Esquema de adaptação eficiente para fluxo de vídeo multicasting codificado por camadas

Tal como referido na secção 4.3, os Estados-Membros que pretendem receber o mesmo serviço de vídeo podem ter vários níveis de MCS em cada subcanal. O esquema proposto divide essas EM em diferentes grupos multicast de distribuição com base nos requisitos de qualidade e nas condições do canal. Para cada grupo multicast de distribuição, é atribuído o nível MCS. Se os Estados-Membros de cada grupo multicast de distribuição tiverem requisitos de qualidade diferentes, a questão da afetação de recursos tornar-se-á mais complicada.

O esquema proposto é composto por duas fases. A primeira fase é um grupo multicast de entrega. A técnica oferece três garantias de qualidade diferentes; para cada EM, pode ser classificada num nível de qualidade associado, de acordo com as suas necessidades e as condições do canal. Consequentemente, os EM com o mesmo nível de qualidade podem ter condições de canal diferentes. A segunda fase da abordagem proposta consiste na seleção do MCS com FEC, juntamente com a atribuição de camadas de vídeo. Como resultado das diferentes condições do canal, a técnica FEC foi empregue para aceitar possíveis erros e garantir a qualidade. Além disso, para os MS de um grupo multicast de entrega semelhante, os que têm uma taxa de erro de bits mais elevada podem utilizar a técnica FEC para compreender as falhas. O MCS selecionado foi escolhido para aumentar a taxa de transmissão e para aumentar o número de camadas de vídeo SVC transportadas. São transportadas mais camadas de vídeo, pelo que a qualidade de vídeo obtida pode ser melhorada.

A qualidade do canal depende do esquema de seleção da taxa de bits adaptável para a difusão múltipla de vídeo codificado em camadas na rede WiMAX móvel. A taxa de bits adaptável é obtida utilizando as caraterísticas de escalabilidade espacial da codificação SVC. Este esquema tem por objetivo melhorar a qualidade de vídeo dos clientes de baixa e média qualidade, melhorando o débito no que respeita à redução da taxa de bits e minimizando o custo do consumo de largura de banda no espetro sem fios. Esta melhoria é efectuada através da eliminação da possibilidade de perda de quadros I e P. Estas tarefas são demonstradas por um esquema de multicast adaptado através da utilização de streaming de vídeo codificado por camadas, que modifica graciosamente a qualidade do vídeo de receptores heterogéneos em condições de canal variáveis no tempo. Este método melhora a qualidade do vídeo, melhorando o débito de modo a reduzir a taxa de bits. A abordagem de adaptação é explicada resumidamente a seguir:

Algoritmo 1: Esquema de Multicast de Adaptação Eficiente para Vídeo com Codificação em Camadas **1st Fase**: 1: Selecionar os membros do grupo, um a um, para o grupo multicast por ordem decrescente das suas condições de canal.

2: Agrupamento dos utilizadores no grupo multicast em três regiões de qualidade de canal de subgrupo com base na distância diferente da estação de base, como na Tabela 4.1, bem como no limiar agressivo utilizado.

2nd Etapa: 1: O sistema decide o nível de MCS que será enviado a cada subgrupo e quantas camadas de vídeo serão enviadas a cada subgrupo.

2: Técnica de redundância FEC utilizada para decidir o tamanho da redundância FEC. Esta abordagem melhora o débito minimizando a perda envolvente dos quadros **I** e **P**.

4.5 Modelo de simulação

Nesta simulação, assumindo que os assinantes estão uniformemente distribuídos numa única célula, por exemplo, em torno da BS. Este pressuposto específico é fornecido para lidar com o cenário heterogéneo, em que as SNRs médias dos assinantes são diferentes, uma vez que estão posicionados aleatoriamente em toda a região de cobertura. O vídeo é transmitido do servidor de vídeo para os assinantes (ligação descendente). As distribuições desses assinantes são apresentadas no quadro 4.1. Supõe-se também que os erros são gratuitos para as ligações com fios entre as entidades da rede. As especificações significativas do sistema WiMAX utilizadas nesta simulação estão resumidas na Tabela 4.2.

O traço do filme H.264/SVC dos Jogos Olímpicos de Tóquio, com 74 minutos de escalabilidade espacial e temporal de acordo com as técnicas SVC, com a camada de base (L0) do Quarter Common Intermediate Format (QCIF) e as camadas de melhoramento (L1, L2) do Common Intermediate Format (CIF), já foi injetado na simulação. Este tráfego foi obtido na Universidade do Estado do Arizona [12] em conjunto com uma resolução de 532x288 e 30 fotogramas por segundo (fps), em que o comprimento do grupo de imagens (GOP) se refere a 16, pelo que a estrutura GOP é IBBBPBBBPBBBPBBB. Posteriormente, esta abordagem recomendada pode transferir a sequência de fotogramas IPPP para uma camada de base, a sequência BBBBBB para a camada de melhoramento I e a sequência BBBBBB para a camada de melhoramento II.

Tabela 4.1: Distribuição dos clientes móveis

Clientes	**Distância da estação de base (BS) em (Km)**	**Melhor SGC**
Grupo 1	0.2 - 0.5	64 QAM
Grupo 2	1 - 1.5	16 QAM
Grupo 3	2.5 - 3	QPSK

Tabela 4.2: Parâmetros da rede WiMAX móvel

Parâmetros	**Valor**
Modo WiMAX	TDD
Direção do tráfego	Ligação descendente
Ganho de antena da estação base (BS)	15 dBi
Ganho da antena do utilizador	-1 dBi
Frequência portadora	5,8 GHz
Largura de banda WiMAX	20 MHz
Localização do utilizador	Utilizadores com diferentes qualidades de canal (alto, médio e baixo) distribuídos na área de cobertura da célula
Modelo de perda de trajetória	Macrocélula suburbana
Modelo de canal multipercurso	UIT Pedestre A

4.6 Resultados e análise da simulação

Esta simulação é efetivamente realizada para avaliar a abordagem recomendada em situações de rede idênticas. Os resultados obtidos na simulação são comparados e avaliados nesta secção. O estado do canal muda frequentemente, devido à perda de trajetória suburbana e ao modelo de canal multipercurso, que foram considerados na nossa simulação. Por conseguinte, a maioria dos gráficos é apresentada como média temporal para uma melhor comparabilidade.

A Figura 4.4 (a, b) apresenta o jitter médio dos pacotes e o atraso médio E2E com base em diferentes receptores heterogéneos. Tanto quanto é do conhecimento do autor, a qualidade do vídeo é melhor quando o jitter é efetivamente zero. Consequentemente, como se demonstra na Figura 4.4(a), a média do fluxo de vídeo multicasting codificado em camadas é aproximadamente zero para os assinantes próximos da BS, que são afectados por uma técnica de modulação mais elevada, como 64 QAM, enquanto os assinantes próximos da extremidade da célula obtiveram uma má variação média do jitter, mas com uma variedade adequada de jitter. O atraso médio E2E para a transmissão de vídeo em camadas multicast com utilizadores heterogéneos é apresentado na Figura 4.4(b). Assim, é fácil notar que o atraso médio E2E do vídeo multicasting codificado em camadas proporciona um menor atraso E2E do pacote para os assinantes próximos da BS. De acordo com a abordagem recomendada, a maior parte das camadas de melhoramento úteis, para além da camada de base, são normalmente levadas aos consumidores próximos da estação de base. Entretanto, apenas a camada de base (BL) pode ser levada aos consumidores próximos da extremidade da célula.

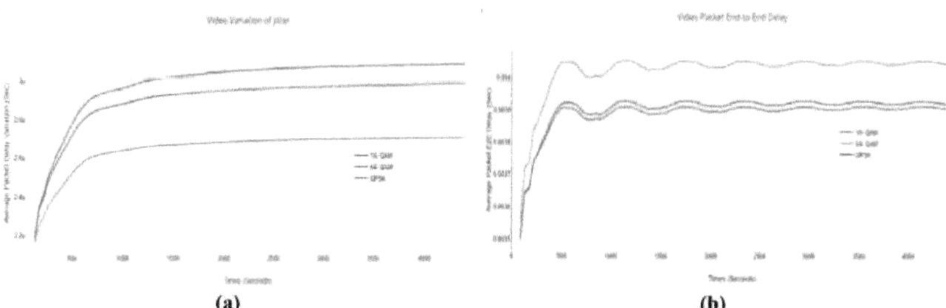

Figura 4.4: (a) Variação média de jitter no vídeo e (b) Atraso médio de fim de pacote

O Peak Signal to Noise Ratio (PSNR) está entre as mais famosas medidas de qualidade concebidas para a qualidade do vídeo. Mas o PSNR não é capaz de apresentar adequadamente o impacto dos erros de previsão (perda de quadros I e P) que podem ser seriamente perceptíveis, mas que estabelecem uma pequena distorção em relação ao erro quadrado. A perda de fotogramas I terá mais impacto na degradação da qualidade do vídeo do que a perda de fotogramas P ou B. Como explicado em [91], e [92], o PSNR nunca pode ser útil para a expetativa de qualidade em situações de quadros de vídeo perdidos em redes. Para analisar a qualidade de uma sequência de vídeo eficiente, esta pode ser facilmente estabelecida pelo número de fotogramas que caem sobre o número total de fotogramas anteriormente fornecidos por segundo a partir da fonte de vídeo.

A Figura 4.5(a) ilustra o padrão de perda de pacotes com degradação graciosa empregue pela codificação SVC. De acordo com a abordagem proposta, todas as camadas temporais valiosas com a camada de base são entregues aos clientes próximos da BS, enquanto a camada de base é apenas entregue aos clientes próximos da extremidade da célula. Quase todos os clientes que obtêm a probabilidade equivalente de perda de pacotes são efetivamente identificados. Consequentemente, o rácio de perda de pacotes é reduzido para os clientes próximos do limite da célula. Os resultados estão resumidos na Tabela 4.3. Os resultados ilustram a redução do número de quedas de frames na maioria dos utilizadores móveis distribuídos num telemóvel. Além disso, pode-se mencionar que há uma melhoria na qualidade de vídeo para clientes na borda do celular, reduzindo a taxa de perda de pacotes. Há também a modulação dos utilizadores por 64 QAM que requer uma taxa de dados consideravelmente baixa (0,38 Mbps) em comparação com as outras modulações 16 QAM e QPSK, que são aproximadamente (0,35 Mbps), como mostra a Figura 4.5(b).

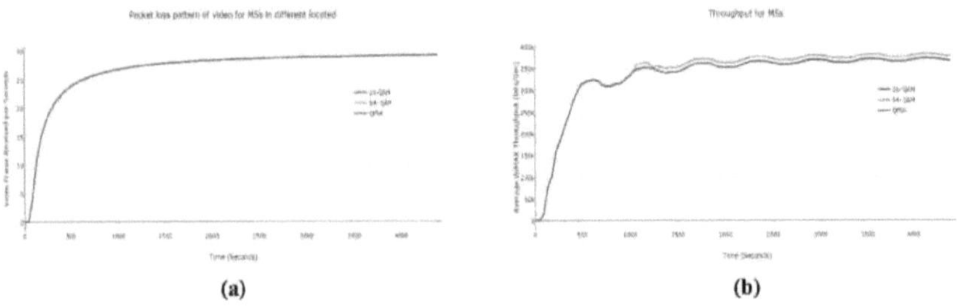

Figura 4.5: (a) Padrão de perda de pacotes de vídeo para as EM em diferentes localizações e (b)

débito médio do WiMAX para as EM

Tabela 4.3: Qualidade de serviços do vídeo SVC em diferentes condições de canal

Parâmetros	**EMs na extremidade da célula**	**EMs no meio da célula**	**EM próximos de BS**
Jitter	5,7 μs	3,5 μs	2.7μs
Atraso de ponta a ponta	4,5 ms	4,0 ms	4,4 ms
Rácio de perda de pacotes	1/30	1/30	1/30
Rendimento	0,35 Mbps	0,35 Mbps	0,38 Mbps

4.7 Resumo

Este capítulo propõe um esquema eficiente de adaptação da difusão múltipla de vídeo para a codificação em camadas do fluxo de vídeo, a fim de melhorar a qualidade do serviço de vídeo de utilizadores heterogéneos com várias condições de rede através de uma adaptação graciosa. A codificação em camadas do fluxo de vídeo é a técnica de codificar o vídeo com qualidade de reprodução a várias taxas de bits e transmiti-lo através de diferentes portas. O multicast IP foi utilizado neste sistema, que é um método de transferência de dados de um para muitos através de uma infraestrutura IP numa rede. Foi apresentado um estudo de caso para a implementação da codificação em camadas de vídeo multicast IPTV em redes WiMAX móveis. Além disso, foi criado um cenário de simulação OPNET para investigar um grande número de métricas de eficiência que incluem: atraso de jitter de pacotes, atraso E2E, rácio de perda de pacotes e débito WiMAX de nós móveis.

Os resultados obtidos com a simulação demonstraram que uma boa qualidade de vídeo perceptiva é degradada de forma graciosa, tendo em conta várias condições de canal, incluindo uma parte do débito médio e do rácio de perda de pacotes. No entanto, apenas a escalabilidade espacial está a ser investigada para a degradação graciosa; a escalabilidade da qualidade, bem como a escalabilidade temporal, podem ser normalmente utilizadas em simultâneo com este tipo de degradação graciosa. Está planeado trabalho futuro para estudar a otimização do MCS para vídeo codificado em camadas em redes WiMAX móveis.

CAPÍTULO 5 EFICIÊNCIA ESPECTRAL DA DIFUSÃO MÚLTIPLA DE IPTV CODIFICADA POR CAMADAS EM REDES WIMAX MÓVEIS

O espetro é um recurso restrito e limitado, que é utilizado para suportar numerosos serviços sem fios, tanto a nível governamental como empresarial. medida que cresce o interesse pelos fornecedores de serviços sem fios, aumenta a procura de espetro suplementar para permitir esses serviços. Além disso, a procura de serviços de vídeo em tempo real, para além da necessidade de maior eficiência espetral, introduziu a difusão múltipla de vídeo nos sistemas OFDMA. Assim, uma abordagem eficiente é fornecida pelo vídeo em camadas para lidar com diferentes qualidades de canal. Neste capítulo, foi proposto um esquema eficiente de programação de vídeo multicast com um esquema de modulação adaptativo para transmitir vídeo codificado em camadas em redes WiMAX móveis com base em utilizadores distribuídos com várias qualidades de canal. Este esquema eficiente pode ser uma solução prática para os utilizadores móveis e as operadoras pouparem espetro. Este esquema é avaliado através do rácio de perda de pacotes (PLR) e do débito típico como métricas dependentes do utilizador, e da eficiência espetral como métrica dependente do sistema. Com base nos resultados obtidos por simulação, 57% do espetro radioelétrico foi poupado com o esquema proposto, baseado na distribuição dos utilizadores, em comparação com a abordagem existente. Assim, é possível melhorar a qualidade do vídeo e obter uma elevada utilização dos recursos do sistema utilizando estas poupanças no espetro.

5.1 Introdução

Como se reconhece que o espetro de rádio é raro, a utilização eficiente dos recursos de rádio para o tráfego multimédia torna-se uma questão importante na conceção das capacidades de gestão dos recursos de rádio (RRM). Um critério importante para a utilização do recurso rádio mínimo deve ser a especificação da QoS alcançada. Estas são, de facto, dificuldades constantes na rede de comunicações, uma vez que os requisitos de QoS flutuam em várias camadas, meios distintos de interface aérea que transportam várias capacidades, e os compromissos ocorrem entre várias estratégias de

RRM. Além disso, os tráfegos multimédia de taxa variável têm estilos diferentes. No caso da pior situação, por exemplo, a taxa de pico, o recurso pode ser incrivelmente subutilizado. Do mesmo modo, no caso do canal de desvanecimento, se apenas for reconhecida a pior condição, será transportada redundância adicional e menos informação, o que, mais uma vez, subutiliza o espetro. Consequentemente, a conceção de um esquema de adaptação para o tráfego multimédia com fornecimento de QoS para alcançar uma eficiência espetral óptima tornou-se uma questão importante para os investigadores e ganhou muita ênfase recentemente. Além disso, à medida que surgem novas técnicas, a conceção do RRM deve ser frequentemente avaliada e melhorada para obter uma experiência de utilizador mais adequada e uma eficiência espetral muito mais elevada. Dado que se estima que os meios de transmissão em tempo real constituam uma parte significativa dos serviços de Internet de alta velocidade nas redes sem fios 4G, a conceção de uma atribuição eficiente de recursos radioeléctricos para a implantação de vídeo em tempo real, juntamente com a garantia de QoS, tornou-se um tópico de investigação vital.

Nos serviços multicast tradicionais, o modo AMC mais robusto pode ser utilizado para lidar com todos os consumidores com diferentes condições de canal, o que reduzirá as exigências de largura de banda dos consumidores em condições de canal de alta qualidade. A codificação de vídeo escalável (SVC) foi concebida para ultrapassar o problema relacionado com a variação na adaptação da ligação no serviço multicast/broadcast. No entanto, a SVC codifica o fluxo de vídeo em diferentes camadas, uma camada de base e uma ou mais camadas de melhoramento [93]. A camada de base oferece uma qualidade de vídeo, uma velocidade de fotogramas e uma resolução de vídeo inferiores, que são fornecidas pelo melhor modo AMC robusto para garantir que todos os consumidores de multicast/broadcast o possam descodificar. Por outro lado, as camadas de melhoramento significam um vídeo idêntico que está a melhorar constantemente a qualidade, a taxa de fotogramas ou mesmo a resolução, para além da qualidade da cobertura do serviço no estado do canal. A base é que as camadas de melhoramento podem ser tratadas corretamente, melhorando simultaneamente a eficiência de todo o sistema.

Os limiares AMC agressivo e AMC conservador foram concebidos para determinar o conjunto ótimo de limiares SNR [89, 90]. O conceito principal da conceção agressiva do AMC é normalmente utilizado para utilizar um nível mais elevado de modulação e codificação, permitindo uma menor restrição da taxa de perda de fotogramas (FLR) nas possibilidades de transmissão anteriores. A conceção agressiva do AMC identificará certamente os limiares SNR óptimos para garantir que a especificação QoS possa ser satisfeita durante toda a restrição de atraso prevista.

No entanto, a conceção conservadora do AMC foi concebida para satisfazer a especificação de QoS com precisão em cada transmissão, sem utilizar as possibilidades de transmissão extra dentro da restrição de atraso. É frequentemente mostrado anteriormente que um ganho essencial na eficiência da largura de banda pode ser realizado pelo tipo AMC agressivo em relação aos modelos AMC padrão. Tal como trabalhos anteriores [78, 79] sobre o modelo AMC agressivo, com ou sem um método FEC, a nossa edição atual delineou o sistema multicast com o esquema FEC da camada de aplicação. Uma das nossas principais contribuições neste capítulo é analisar o efeito do esquema FEC da camada de aplicação no multicast de vídeo em camadas em redes WiMAX, com base na distribuição de utilizadores e em várias qualidades de canal, e melhorar a utilização do espetro juntamente com uma melhor qualidade de vídeo.

Este capítulo vai muito mais longe do que os outros e propõe uma programação eficiente de multicast de vídeo, juntamente com um esquema de modulação adaptável, que pode ser uma solução prática para os utilizadores móveis e as operadoras pouparem espetro e melhorarem a qualidade do vídeo, bem como para obterem uma maior utilização dos recursos do sistema utilizando estas poupanças no espetro. Maximizámos o rendimento de todos os utilizadores com base na qualidade do canal, adaptando os MCSs com um esquema FEC adequado. Ao mesmo tempo, o número de camadas de vídeo será transmitido de acordo com a distribuição dos utilizadores, o que melhora a qualidade do vídeo. Os traços de vídeo SVC foram utilizados na nossa simulação para apresentar as vantagens do esquema de adaptação no nosso esquema proposto.

Este capítulo é elaborado da seguinte forma: A secção 5.2 trata da estrutura dos serviços Multicast e Broadcast. A eficiência espetral é abordada na secção 5.3. A secção 5.4 apresenta o modelo de simulação. Na secção 5.5, é explicado o esquema proposto. Os resultados da simulação são analisados na Secção 5.6, seguidos de uma conclusão na Secção 5.7.

5.2 Suporte de serviços multicast e de difusão em WiMAX

No WiMAX [1], os serviços multicast e de difusão (MBS) referem-se a um conjunto de caraterísticas do controlo do acesso aos meios de comunicação (MAC) e da camada física (PHY), que proporcionam um quadro eficiente para a difusão múltipla ou a difusão de pacotes de dados a um grupo de utilizadores que utilizam as ligações multicast comuns. conseguidas diferentes aplicações essenciais nos serviços de multicast e difusão (MBS) utilizando a macrodiversidade, como a mobilidade, débitos de dados mais elevados e poupança de energia.

O WiMAX móvel suporta dois modos de duplexação: o duplex por divisão do tempo (TDD) e o duplex por divisão da frequência (FDD). No modo FDD, são necessárias frequências diferentes para transmitir dados para a ligação descendente e ascendente. No entanto, a mesma frequência é utilizada para a transmissão de dados para a ligação descendente e ascendente no modo TDD quando diferenciada num quadro de duplexação [2]. O modo TDD foi considerado no nosso modelo de sistema, onde o agendamento de vídeo em camadas do downlink foi estudado neste trabalho. Uma estrutura de quadro OFDMA TDD foi mostrada na Figura 5.1. Esta estrutura inclui símbolos OFDMA na dimensão temporal, bem como subcanais no domínio da frequência. Uma combinação de símbolos OFDMA com subcanais é conhecida como slot, que é calculada neste estudo.

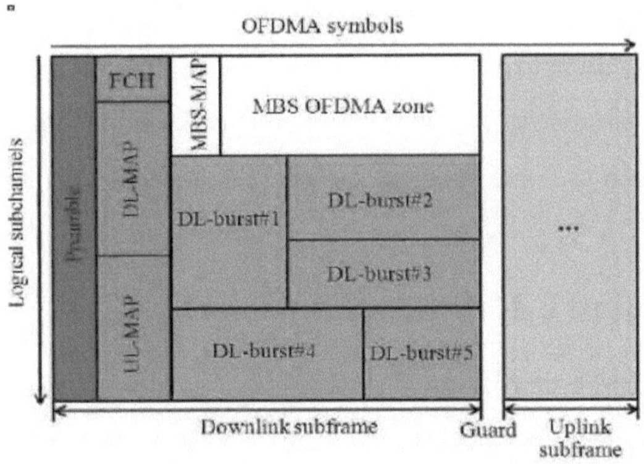

Figura 5.1: Estrutura da moldura TDD do WiMAX móvel

Cada quadro é ainda dividido em subquadros de ligação descendente e de ligação ascendente separados por espaços TTG e RTG para evitar colisões de transmissão. Num subquadro de ligação descendente, o serviço multicast e de radiodifusão (MBS) é estabelecido construindo uma zona OFDMA MBS separada juntamente com o serviço unicast ou atribuindo todo o subquadro ao MBS, como mostra a figura 5.1. Note-se que é normalmente possível criar várias zonas OFDMA MBS num subquadro. Para cada subquadro, há certamente um MBS-MAP- IE envolvido no DL-MAP. O MBS-MAP-IE especifica a configuração PHY e a localização de cada zona OFDMA MBS. O MBS-MAP está disponível na cabeça da zona OFDMA MBS associada e contém vários MAP-DATA-IEs. Um MAP-DATA-IE especifica o CID multicast (M-CID) e o MCS de uma rajada de MBS. Uma rajada MBS contém unidades de dados de pacotes MAC (PDU).

Além disso, existem dois métodos importantes de subcanalização que surgiram no WiMAX; o primeiro é o método das subportadoras parcialmente utilizadas (PUSC), que se baseia num agrupamento distribuído de subportadoras. No entanto, o Band AMC (BAMC) é o segundo método que se baseia num agrupamento de subportadoras adjacentes. No sub-canal de downlink, várias subportadoras variam entre estes métodos. Uma faixa horária é produzida pela fusão de um subcanal com vários símbolos OFDM. No WiMAX, um slot é composto por 48 subportadoras de dados de todos os métodos de sub-canalização utilizados. No PUSC, que é o objeto desta simulação, a largura de banda do subcanal é de 250 KHz, ao passo que no BAMC se espera que seja de 170 KHz. Assim, a taxa de dados mínima da camada PHY que pode ser atingida ao longo do download (DL), assumindo 5 ms por quadro, será de 9,6 Kbps [94].

5.3 Eficiência espetral

A eficiência do espetro refere-se ao número de informações que podem ser transferidas através do canal, o que é equivalente ao rendimento obtido através da largura de banda da rede e pode ser expresso em bit/s/Hz. No entanto, o débito é a quantidade de bits recebidos com êxito durante a duração do fluxo. A dependência do débito depende do esquema de modulação e codificação (MCS) utilizado durante a transmissão. No sistema de comunicação, a eficiência espetral indica a taxa de informação que foi transferida através de uma determinada largura de banda. É uma forma de medir como um espetro de frequência fixa é utilizado eficientemente, o que é maximizado através da utilização de um esquema de modulação e codificação mais elevado.

A eficiência do espetro é também definida em [95] como o número de bits transmitidos por segundo por Hertz (b/s/Hz). Normalmente, esta quantidade é um parâmetro de sistema válido. A título de exemplo, a eficiência espetral será de 1,67 b/s/Hz quando a taxa dc dados dc 1 Mbps ć transmitida num sistcma dc banda basc dc 0,6 MIIz de largura. Assim, 10 Mbps são transmitidos a um único utilizador a uma velocidade de descarregamento contínua de 10 Mbps numa portadora de rádio de ligação descendente de 10 MHz, ignorando algumas pequenas sobrecargas de programação.

A variação da eficiência espetral média e de pico depende das tecnologias sem fios adaptadas ao ambiente de rádio. Por conseguinte, a taxa de transferência aumentará com a utilização de uma modulação de ordem superior, como a 64-QAM, que permite obter um sinal de boa qualidade. A modulação mais elevada 64-QAM transfere 6 bits por símbolo de rádio, em comparação com a 16-QAM que transporta apenas 4 bits [76]. Cada esquema de modulação produz uma determinada taxa de erro de bits relacionada com o rácio sinal/ruído (SNR). Os protocolos da camada física podem corrigir alguns destes bits utilizando a correção de erros a posteriori, que é designada por codificação. No entanto, quanto maior for a taxa de erro de bits, maior será a sobrecarga de codificação e, a dada altura, a ligação será mais eficiente com um esquema de modulação diferente. Para utilizar o espetro da forma mais eficiente possível, as tecnologias de rádio modernas, incluindo a celular e a Wi-Fi, utilizam várias combinações de modulação e codificação.

5.4 Modelo de sistema

Esta secção discute o modelo de sistema do cenário proposto, juntamente com os traços de tráfego de vídeo e as métricas de desempenho relevantes investigadas neste capítulo.

5.4.1Modelo proposto

A figura 5.2 mostra um sistema de download OFDMA, que inclui um ambiente de 7 células com utilizadores distribuídos aleatoriamente ao alcance de cada célula BS, juntamente com mobilidade aleatória. O OFDMA foi utilizado na camada física (PHY) sobre uma frequência de base de 5,8 GHz, utilizando uma largura de banda de canal de 20 MHz, que oferece 2048 subportadoras atribuídas. A potência de transmissão da estação móvel e da estação de base foi configurada com 33 dBm e 35,8 dBm, respetivamente. No entanto, a MS tem uma antena de ganho de cerca de 14 dBi, o que corresponde a cerca de 2 watts, e a BS-cell tem uma antena de ganho de cerca de 15 dBi, o que corresponde a cerca de 3,8 watts. Além disso, considerámos neste trabalho um ambiente macro-celular suburbano. Este ambiente macro celular suburbano é o modelo de perda de trajetória de Erceg, juntamente com um modelo de terreno conservador que pode ser dado pelos modelos da Stanford University Interim (SUI), que são desenvolvidos pelo grupo de trabalho IEEE 802.16. A equação básica da perda de percurso com factores de correção é apresentada como

$$PL = A + 10\gamma log_{10}\left({}^{d}/{}_{d_0}\right) + L_f + L_h + s$$

No entanto, A é a perda de percurso no espaço livre, que é igual a $A = 20.log_{10}\left(\frac{4\pi d_0}{\lambda}\right)$ em do, a distância mínima entre os MS e a BS em metros, e as distâncias entre os MS e a BS em metros são indicadas por do e d, respetivamente.

Lf é o fator de correção da frequência, Lh é o fator de correção superior da antena e o expoente da perda de percurso é γ, que é igual a $\gamma = a - bh_b + c/h_b$, , em que hb é a altura da estação de base em relação ao solo, em metros, que se situa entre 10 m e 80 m. Nesta simulação, é considerado o tipo de terreno C, que se trata de um terreno plano com uma densidade de árvores ligeira. O parâmetro s é utilizado para calcular o desvanecimento da sombra através das árvores e outros obstáculos. Este desvanecimento da sombra é modelado utilizando uma variável aleatória lognormal com média zero e desvio padrão de 8 dB. A Tabela 5.1 apresenta os principais parâmetros de simulação.

Tabela 5.1: Parâmetros de simulação

Parâmetros	**Valor**
Duração do fotograma (ms)	5 ms
Número de subportadoras	2048
Frequência de funcionamento	5,8 GHz
Duplex	TDD
Largura de banda do canal	20 MHz
Altura BS	32 m
Altura MS	1.5 m
Modo de permutação	PUSC
Modelo de perda de trajetória	MacroCélula suburbana
Modelo de canal multipercurso	UIT Pedestre A
# Número de antenas Tx	1
# Número de antenas Rx	1

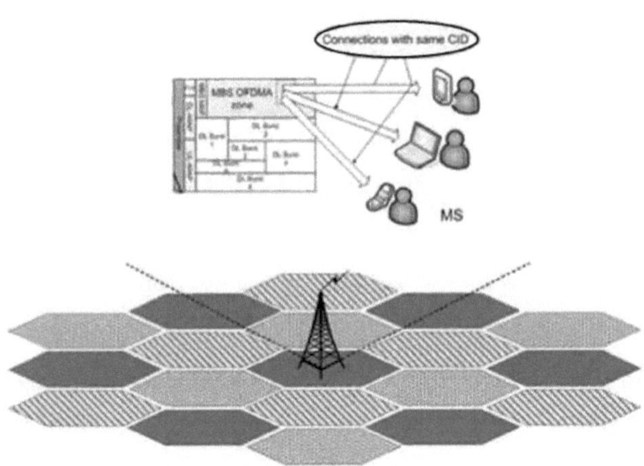

Figura 5.2: Um sistema de descarregamento OFDMA

5.4.2 Modelos de tráfego de vídeo

O nosso tráfego de vídeo foi enviado em pacotes como um ficheiro de traços de vídeo realista, que é uma aplicação baseada em traços. Foram injectados na simulação traços de filmes dos Jogos Olímpicos de Tóquio de escalabilidade espacial baseados no esquema SVC com a camada de base Quarter Common Intermediate Format (QCIF) (L0) e as camadas de melhoramento Common Intermediate Format (CIF) (L1, L2). Estes tráfegos foram obtidos na Universidade do Estado do Arizona [12], com uma resolução de 532x288 e 30 fotogramas por segundo. O tamanho do grupo de imagens (GOP) para este filme foi selecionado como 16 e a estrutura GOP é IBBBPBBBPBBBPBBB. Assim, o nosso esquema proposto transmitiria a camada de base com a sequência de fotogramas IPPP, a sequência de BBBBBB transmitida pela camada de otimização I e a sequência de BBBBBB pela camada de otimização II. As taxas médias e o tamanho médio dos fotogramas apresentados na Tabela 5.2 são mais realistas para modelar o fluxo de vídeo da rede de acesso.

Quadro 5.2: Caraterísticas das camadas de vídeo

	Camada de base	**Melhoria 1**	**Melhoria 2**
Número de fotogramas	400		

Tamanho mínimo do quadro (Bytes)	12	4	9
Tamanho máximo do quadro (Bytes)	3781	5309	5696
Tamanho médio do quadro (Bytes)	1543.4	1186.6	984.6
Taxa média (Mbps)	0.370	0.284	0.236

5.4.3Métricas de desempenho

São medidas e calculadas diferentes métricas de desempenho durante a simulação, incluindo o rácio de perda de pacotes, o débito médio e a eficiência espetral. No entanto, a taxa de perda de pacotes e o débito médio são métricas orientadas para o utilizador e a eficiência espetral é uma métrica orientada para o sistema. A Tabela 5.3 apresenta a descrição destas métricas.

Tabela 5.3: Métricas de desempenho

Métricas	**Formulação matemática**	**Descrição**
Rácio de perda de pacotes (PLR)	$\boldsymbol{PLR} = \left(\frac{\boldsymbol{lost_{packet}}}{\boldsymbol{lost_{packet}} + \boldsymbol{received_{packet}}}\right)$	**O PLR** é o número de pacotes corrompidos, danificados ou possivelmente excessivamente atrasados dividido pela acessibilidade total dos pacotes esperados através do cliente de vídeo.
Taxa de transferência (bps)	**A taxa de transferência** é descrita como as cargas de tráfego que se referem ao fluxo multimédia que será adicionado à rede pretendida. É normalmente medido em bits/seg.	O parâmetro **do débito médio** é definitivamente medido dividindo os bits recebidos com sucesso pela duração do fluxo.
Eficiência espetral (bpsd/Hz)	$\boldsymbol{SE} = \left(\frac{\sum \boldsymbol{Data\ Rate}}{\boldsymbol{TotalChannelBandwidth(Hz)}}\right)$	A **eficiência espetral** é muitas vezes calculada dividindo a soma da quantidade de bits recebidos durante o tempo de simulação pelo tamanho da largura de banda.

5.5 Proposta de regime

Foi concebido um esquema de adaptação e modulação (AMC) em conjunto com um programa de multicasting que programa dinamicamente as camadas de vídeo para cada utilizador. Esta abordagem proposta melhorou a qualidade do vídeo para numerosos utilizadores heterogéneos distribuídos e aumentou a utilização dos recursos do sistema. O esquema proposto é composto por um par de passos, como se pode ver no Algoritmo 2. Os primeiros passos de 1 a 3 na nossa abordagem são a divisão dos utilizadores em diferentes sup-grupos com base na qualidade do canal. A técnica fornece três garantias de qualidade diferentes, para cada MS, que pode ser classificada num nível de qualidade associado de acordo com as suas necessidades e as condições do canal. Estas três etapas são explicadas da seguinte forma: Primeiro, a medição dos valores SINR de cada estação móvel (MS). Depois, agrupar os utilizadores móveis em três grupos, dependendo da qualidade diferente do canal, com base na agressividade do SNR AMC como limiar.

Os passos do **For** loop determinam inicialmente o número de camadas de vídeo a transmitir e o nível MCS escolhido para este sup-grupo. Em seguida, a técnica de redundância FEC é utilizada para determinar a escala de redundância FEC e estimar o tamanho da redundância corretamente obtida. Quando se seleciona um nível MCS mais elevado para transmitir dados de vídeo a cada um dos utilizadores do subgrupo de difusão múltipla, de modo a fornecer um vídeo de alta qualidade, pode ser transferida mais redundância FEC para proteger os erros. Por outro lado, quando se seleciona um MCS inferior, mesmo com menos redundância FEC. O nível inferior de MCS selecionado não pode fornecer uma taxa de dados suficiente para mais camadas de vídeo, o que significa que a qualidade do vídeo será limitada. Devido às diferentes condições do canal, o MCS selecionado, juntamente com a técnica FEC, foi utilizado para melhorar a taxa de transmissão e aumentar as camadas de vídeo SVC transportadas. Além disso, a qualidade de vídeo obtida será melhorada.

Algoritmo 2: Programação multicast de camadas de vídeo na zona MBS com AMC

Esquema 1: Calcular a SNR para cada utilizador na zona MBS

2: Agrupar os utilizadores do grupo multicasting em três subgrupos com base no esquema de modulação e codificação utilizado e na qualidade do canal: QPSK, 16-QAM, e 64-QAM.

3: O agrupamento é efectuado comparando a SNR de cada utilizador com a gama de limiares de SNR no limiar agressivo (como na tabela 2.2) como limiar.

4: Para cada supgrupo

5: De acordo com a qualidade do canal, determina-se o número de camadas que serão enviadas.

6: Selecionar o esquema de modulação e codificação para este sup-grupo.

7: Selecionar o método de redundância FEC

8: Calcular os dados recebidos e o número de slots consumidos.

9: Fim Para.

Esta abordagem melhora a qualidade do vídeo para numerosos utilizadores heterogéneos distribuídos, bem como poupa a utilização do espetro.

5.6 Análise de desempenho

Neste capítulo, efectuámos simulações para ilustrar a eficácia da nossa abordagem proposta. A simulação foi efectuada em sete BSs com MSSs distribuídos aleatoriamente na área de cobertura. Foram consideradas na simulação três técnicas de atribuição de MCS com FEC:

- **Cenário 1: Regime proposto**

Neste cenário, a programação multicasting com o esquema AMC foi concebida com uma programação dinâmica das camadas de vídeo que melhorou a qualidade do vídeo para utilizadores distribuídos heterogéneos, bem como a utilização do espetro no sistema apresentado na secção anterior.

- **Cenário 2: Método Naive**

Neste cenário, todas as camadas de vídeo são moduladas pelo esquema de modulação mais elevado MCS. Isto significa que todas as camadas codificadas podem ser transmitidas a todos os MS do grupo multicast. Assim, os utilizadores serão distribuídos numa região de elevada qualidade de canal.

- **Cenário 3: (Abordagem atual)**

Este cenário é semelhante ao trabalho anterior em [96]. Neste cenário, os utilizadores são distribuídos a várias distâncias da BS com base na qualidade do canal, que são distribuídos apenas numa única célula. Em seguida, a transmissão de vídeo será multicast através de esquemas AMC estáticos que são utilizados para codificar as camadas de vídeo. Neste caso, a camada de base é enviada com uma modulação e um esquema de codificação baixos para todos os utilizadores, como o QPSK, e depois as camadas de melhoramento serão enviadas com base na distância em relação ao BS. Além disso, este cenário não tem em conta a mobilidade dos utilizadores.

A eficiência de transmissão da nossa abordagem é avaliada de acordo com o rácio de perda de pacotes e o rácio de débito médio em redes WiMAX móveis. No entanto, a utilização dos recursos do sistema é observada através do rácio de eficiência espetral. Com base na qualidade do canal, a distribuição dos utilizadores na área da célula das BSs foi agrupada em três regiões. Estas regiões são divididas em função de diferentes valores de SINR que se baseiam no limiar de AMC no modelo AMC agressivo na área de cobertura. Cada grupo foi modulado por um esquema de modulação e codificação (MCS) específico. A eficiência espetral (SE) alcançável em cada grupo específico foi calculada a partir dos resultados obtidos na simulação.

5.6.1 Análise de métricas de desempenho

Esta subsecção apresenta os resultados da simulação de diferentes cenários. As figuras 5.3 (a) e 5.3 (b) indicam a taxa de perda de pacotes (PLR) e também o débito do fluxo de vídeo multicast codificado por camadas. Como se pode ver na Figura 5.3(a), a nossa abordagem apresenta uma baixa perda de pacotes para todos os utilizadores distribuídos em diferentes regiões, no que diz respeito a diferentes esquemas de modulação e codificação, em comparação com outros cenários (abordagem ingénua e existente). Do mesmo modo, na Figura 5.3(b), observa-se que a nossa abordagem proposta proporciona um melhor débito do que os outros cenários, em comparação com a sua perda de pacotes, como mostra a Figura 5.3(a). Com a exceção dos utilizadores perturbados na região 64-QAM, obtêm-se esquemas de modulação e codificação mais elevados com maior débito.

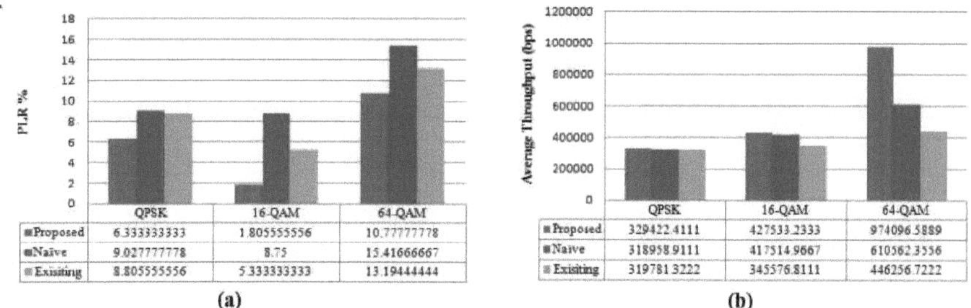

Figura 5.3: (a) Rácio médio de perda de pacotes e (b) débito médio do WiMAX

5.6.2 Análise da utilização do espetro

O espetro de frequências e o número de faixas horárias consumidas por cada camada de vídeo foram calculados nesta secção, bem como a comparação da utilização total do espetro em vários cenários de distribuição da qualidade do canal. Além disso, com base na qualidade do canal, o esquema de modulação e codificação (MCS) é alterado para as camadas de base e de melhoramento em cada cenário. A utilização total do espetro também é calculada. A utilização do espetro em o nosso esquema proposto é calculada e comparada com (método ingénuo e abordagem existente).

Os sistemas móveis sem fios da próxima geração (como o WiMAX e o LTE) utilizam a tecnologia multicarreira baseada em OFDMA. Usando o WiMAX como exemplo de 4G, o recurso de rádio sem fios é um número de fotogramas com comprimento fixo. No domínio da frequência, cada quadro pode ser descrito como uma estrutura bidimensional, composta por múltiplos subcanais. Por outro lado, cada quadro é descrito como múltiplos símbolos OFDM no domínio do tempo [87]. No entanto, o slot é a menor alocação de recursos possível no domínio da frequência em PUSC em redes WiMAX móveis, o que corresponde a 250 KHz de espetro de frequência [94]. Assim, a taxa de dados mínima da camada PHY pode ser de 9,6 Kbps na DL, assumindo um quadro de 5 ms.

A Tabela 5.4 apresenta o número de slots consumidos e a utilização do espetro em MHz em diferentes cenários. No nosso esquema proposto, a camada de base utiliza 10 faixas horárias e a utilização total do espetro é de 4,5 MHz na zona MBS do subquadro de rádio. Por outro lado, foram utilizadas 18 faixas horárias e 24 faixas horárias para o vídeo da camada de base no método Naïve e na abordagem existente, respetivamente. Além disso, a utilização total do espetro é de 7,75 MHz na zona MBS do subquadro de rádio no método Naïve. No entanto, a utilização total do espetro é de 10,5 MHz na zona MBS do subquadro de rádio na abordagem existente. As poupanças de espetro comparadas entre o nosso esquema proposto e estes cenários, a partir dos resultados obtidos com a simulação, indicam que o nosso esquema proposto optimiza a seleção de esquemas MCS para diferentes camadas com base nas caraterísticas da utilização da distribuição dos utilizadores, em comparação com a seleção de esquemas MCS apresentada noutros cenários. Com base na simulação, os resultados obtidos com o esquema proposto mostram que cerca de 57% do espetro radioelétrico foi poupado de acordo com as diferentes distribuições de qualidade do canal, em comparação com a abordagem existente.

Tabela 5.4: Utilização do espetro e número de faixas horárias consumidas em diferentes qualidades de canal

	Cenário 1: Regime proposto			**Cenário 2: Método Naïve**			**Cenário 3: Abordagem atual [96]**		
Camada de vídeo SVC	**Eficiência espetral (bps/Hz)**	**Número de ranhuras utilizadas**	**Espectro utilizado (MHz)**	**Eficiência espetral (bps/Hz)**	**Número de ranhuras utilizadas**	**Espectro utilizado (MHz)**	**Eficiência espetral (bps/Hz)**	**Número de ranhuras utilizadas**	**Espectro utilizado (MHz)**
Camada de base	0.058	10	2.5	0.063	18	4.5	0.063	24	6.0
Melhoria 1	0.0196	5	1.25	0.019	8	2.0	0.05	11	2.75
Melhoria 2	0.010	3	0.75	0.038	5	1.25	0.02	7	1.75

			4.5			7.75			10.5

5.7 Resumo

Foi concebido um esquema de programação multicast com AMC para vídeo codificado em camadas, que permite uma degradação moderada da qualidade do vídeo com base na distribuição dos utilizadores e minimiza a utilização do espetro. Com base na simulação, 57% do espetro radioelétrico foi poupado com o esquema proposto, com base na distribuição dos utilizadores, em comparação com a abordagem existente. Este espetro poupado pode ser utilizado para melhorar a qualidade de vídeo dos utilizadores na mesma zona MBS. Neste trabalho, é considerada a mobilidade aleatória dos utilizadores distribuídos. Está previsto trabalho futuro para estudar a otimização do MCS para vídeo codificado em camadas em redes WiMAX.

CAPÍTULO 6 CONCLUSÃO E PERSPECTIVAS FUTURAS

Com a crescente implantação da banda larga sem fios a nível industrial, a transmissão de vídeo em tempo real em grande escala (IPTV) é a principal aplicação para essa infraestrutura. Assim, a implantação da IPTV (televisão móvel) pelas empresas de telecomunicações em todo o mundo torna-se uma série de desafios operacionais únicos, sendo um dos temas de maior interesse na investigação recente. Além disso, espera-se que sejam os principais geradores de receitas num futuro próximo e que a eficiência do fluxo de vídeo seja superior à 4.ª geração. No entanto, o suporte à comunicação de vídeo em redes sem fios coloca muitos desafios resultantes das flutuações das condições do canal sem fios. Esta dissertação melhorou a QoS e a eficiência da transmissão de IPTV através de Redes WiMAX Móveis, este trabalho de investigação inclui trabalho sincronizado a todos os níveis, desde os requisitos da aplicação, requisitos de QoS, até ao sistema de comunicação. No entanto, os receptores heterogéneos, a degradação graciosa em multicast e a eficiência espetral são considerados nesta investigação.

Apresentámos um estudo comparativo de simulação do desempenho da IPTV (TV móvel) sobre WiMAX móvel e do seu efeito sob diferentes tipos de esquemas de modulação adaptativos e fixos. Este estudo de desempenho teve em conta parâmetros-chave do sistema e do ambiente, incluindo codecs de vídeo, velocidades móveis, mobilidade aleatória, perda de percurso, classes de serviço com vários esquemas de modulação adaptativos e fixos. O estudo de desempenho foi efectuado utilizando a simulação OPNET. Os resultados obtidos a partir da simulação indicam que os esquemas de modulação dinâmicos e superiores oferecem uma QoS consideravelmente melhor e, ao mesmo tempo, reduzem a largura de banda global do sistema.

Apresentamos um esquema eficiente de adaptação de vídeo multicast utilizando vídeo codificado em camadas em redes WiMAX, que se adapta e melhora a qualidade do vídeo a consumidores heterogéneos e a condições de rede variáveis. Este esquema de adaptação utiliza o fluxo de vídeo SVC codificado em camadas para degradar a qualidade de vídeo de utilizadores heterogéneos. Foi considerado o multicast IP, que é a forma de transmitir fluxos de vídeo através de uma infraestrutura IP. Os resultados indicaram que a qualidade de vídeo melhorada para um maior número de consumidores, especialmente nos consumidores na extremidade da célula.

Além disso, foi proposto um esquema eficiente de programação multicast adaptável para a transmissão de vídeo codificado em camadas através de redes WiMAX com um esquema de modulação adaptável para transmitir fluxo de vídeo codificado em camadas através de redes WiMAX móveis, dependendo da distribuição dos utilizadores em canais de qualidade diversa. Esta abordagem é definitivamente avaliada através do rácio de perda de pacotes (PLR), bem como do rendimento médio como métrica orientada para o utilizador, e da eficiência espetral como métrica orientada para o sistema. Através de simulações, ficou provado que é possível obter poupanças de espetro da ordem dos 57% em vários cenários de distribuição de utilizadores, considerando o esquema proposto. Assim, é possível melhorar a qualidade do vídeo para os utilizadores móveis, bem como obter uma elevada utilização dos recursos do sistema ao utilizar estas poupanças no espetro.

Este trabalho pode ser alargado em várias direcções. Por exemplo, esta adaptação eficiente pode ser conseguida através da utilização de parâmetros de rede alternativos, como o congestionamento e o atraso, bem como de parâmetros do consumidor, como a potência de transição, o que também é possível utilizando o SVC. Este trabalho diz respeito à transmissão de vídeo na direção do downlink. Pode ser melhorado para satisfazer as adaptações possíveis para a transmissão de vídeo por ligação ascendente em redes 4G.

BIBLIOGRAFIA

[1] Cisco VNI Mobile, " Cisco Visual Networking Index: Dados móveis globais Traffic Forecast Update, 2014-2019", Cisco White Paper, Disponível em: http://www.cisco.com/c/en/us/solutions/collateral/service-provider/visual-networking-index-vni/white_paper_c11-520862.html

[2] Mobile WiMAX, "Mobile WiMAX-part I: a technical overview and performance evaluation", Relatório Técnico, Fórum WiMAX, 2006.

[3] M. Chen, L. Zhou, T. Hara, Y. Xiao e V. Leung, "Advances in Multimedia Communications," International Journal of Communication Systems, Vol. 24, No. 10, 2011, pp. 1243-1245.

[4] K. Ain, M. Tarafder, Sh. Khan e Md. Ali, "Path Loss Compensation Technique for WiMAX Technology Based Communication System," International Journal of Engineering Science and Technology, 2011.

[5] I. Uilecan, C. Zhou e G. Atkin, "Framework for Delivering IPTV Services over WiMAX Wireless Networks", Actas do IEEE EIT, Chicago, maio de 2007, pp. 470-475.

[6] Ch. So-In, R. Jain, e A-K. Tamimi, "Scheduling in IEEE 802.16e Mobile WiMAX Networks: Key Issues and a Survey", IEEE Journal on selected areas in Communications, Vol. 27, No. 2, 2009, pp. 165-171.

[7] Ch. Tarhini, e T. Chahed, "AMC-aware QoS Proposal for OFDMA-based IEEE802.16 WiMAX Systems," IEEE Global Telecommunications Conference, 2007, pp. 4780-4784.

[8] T. Schierl, T. Stockhammer, e T. Wiegand, "Mobile video transmission using scalable video coding," Circuits and Systems for Video Technology, IEEE Transactions, vol. 17, n.º 9, Sept. 2007, pp. 1204-1217.

[9] H. Schwarz, D. Marpe, e T. Wiegand, "Overview of the scalable video coding extension of the H.264/AVC standard," Circuits and Systems for Video

Technoloy,IEEE Transactions, vol. 17, n.º 9, Sept. 2007, pp. 1103-1120.

[10] UIT, http://www.itu.int/

[11] OPNET Technologies, http://www.riverbed.com/

[12] Biblioteca de traços de vídeo, Universidade do Estado do Arizona http://trace.eas.asu.edu

[13] J. Hamodi, and R. Thool, "Investigate The Performance Evaluation of IPTV over WiMAX Networks," International Journal of Computer Networks & Communications (IJCNC) Vol.5, No.1, January 2013, pp. 81- 95.

[14] J. Hamodi, and R. Thool, "Performance Evaluation of IPTV over WiMAX Networks Under Different Terrain Environments," International Journal of Engineering Inventions, Vol. 2, No. 2, January 2013, pp. 21-25.

[15] J. hamodi, K. Salah, e R. Thool, "Evaluating the Performance of IPTV over Fixed WiMAX," International Journal of Computer Applications, Vol. 84, No. 6, Dec. 2013, pp. 35- 43.

[16] J. Hamodi, R. Thool, K. Salah, A. Alsaqaf, e Y. Holba, "Performance Study of Mobile TV over Mobile WiMAX Considering Different Modulation and Coding Techniques," International Journal of Communications, Network and System Sciences, Vol. 7, No. 1, Jan. 2014, pp. 10- 21.

[17] J. Hamodi, A. Alsagaf, R. Thool, e Y. Holba, "DEPLOYING IPTV (MOBILE TV) OVER MOBILE WIMAX NETWORKS: A Comparative and Simulation Study," International Journal of Scientific and Engineering Research, Vol. 5, No. 12, Dec. 2014, pp. 938- 955.

[18] J. Hamodi e R. Thool, "Aplicações de computação móvel: Deploying Layered Video Multicasting IPTV over WiMAX Networks," International Journal of Wireless Communication, Vol. 7, No. 4, April 2015, pp. 127-139.

[19] J. Hamodi, e R. Thool, "Layered-Encoding Video Multicasting IPTV over Mobile WiMAX Networks," Actas da Segunda Conferência Internacional sobre Tecnologias

de Computação e Comunicação, Advs in Intelligent Syst., Computing, IC3T 2015, Volume 1, Springer, julho de 2015.

[20] J. Hamodi, "An Efficient Video Multicasting Adaptation Scheme for Layered-Encoded Video Streaming over Mobile WiMAX Networks", Actas da 3.ª Conferência Internacional do IEEE sobre Sistemas Electrónicos e de Comunicação (ICECS), Coimbatore, Tamilnadu, Índia, fevereiro de 2016.

[21] J. Hamodi e R. Thool, "Spectral Efficiency for Layer-Encoded IPTV Multicast in Mobile WiMAX Networks", Actas da Conferência Internacional do IEEE sobre Tendências nas Tecnologias de Automação, Comunicação e Computação (ITACT 2015), Bangalore, Índia, dezembro de 2015.

[22] R. Jain, C. So-In e A. Al-Tamimi, "System Level Modeling of IEEE 802.16e Mobile WiMAX Networks: Key Issues", IEEE Wireless Communications, Vol. 15, No. 5, outubro de 2008.

[23] K. Chen, J. De Marca, "*Mobile WiMAX*," John Wiley & Sons, West Sussex, Inglaterra, 2008.

[24] "IEEE802.16, "IEEE Standard for Local and metropolitan area networks Part 16: Air Interface for Fixed Broadband Wireless Access Systems", relatório técnico, 2004.

[25] IEEE802.16e, "IEEE Standard for Local and metropolitan area networks Part 16: Air Interface for Fixed and Mobile Broadband Wireless Access Systems", Relatório Técnico, 2005.

[26] J. Andrews, A. Ghosh e R. Muhamed, "Fundamentals of WiMAX: Understanding Broadband Wireless Networking", Nova Iorque, E.U.A., Prentice Hall, fevereiro de 2007.

[27] D. Niyato, E. Hossain, e J. Diamond, "IEEE802.16/WiMAX-Based broadband wireless access and its application for telemedicine / e-health services," IEEE Wireless Communications Magazine, Vol. 14, No. 1, Feb. 2007, pp. 7283.

[28] Fórum WIMAX, "WiMAX's technology for LOS and NLOS environments", Relatório Técnico. Disponível em: http://www.wimaxforum.org/technol-

ogy/downloads/WiMAXNLOSgeneral-versionaug04.pdf.

[29] OPNET Technologies, "Introduction to WiMAX modeling for network R&D and planning", Proc. OPNETWORK, Washington, DC, E.U.A., 2008.

[30] I. Adhicandra, R. Garroppo, e S. Giordano, "Optimizing system capacity and application delays in WiMAX networks", Proc. Sixth International Symposium on Wireless Communication Systems, Siena-Tuscany, Itália, 2009, pp. 540-544.

[31] L. Nuaymi, e E. Bretagne, "WiMAX-technology for Broadband Wireless Access," França: Wiley, 2007.

[32] J. Doble, "Introduction to Radio Propagation for Fixed and Mobile Communications", Norwood, EUA, Artech House Inc., 1996.

[33] Ch. Dalela, "Propagation Path Loss Modeling for Deployed WiMAX Network", International Journal of Emerging Technology and Advanced Engineering, Vol. 2, 2012.

[34] Y. Zhang, "WiMAX Network Planning and Optimization", Nova Iorque, E.U.A., CRC Press, 2008.

[35] G. O'driscoll, "Next Generation IPTV Services and Technologies. Canada", Jhon Willy & Sons, Inc, 2008.

[36] J. Kurose e K. Ross, "Computer Networking: A Top-Down Approach", 4/e. Boston, MA: Pearson/Addison-Wesley, 2008, p. 590, p. 612 e p. 624.

[37] M. Ghanbari, "Video Coding: an Introduction to Standard Codecs", IEE Telecommunications Series, 1999.

[38] Aplicações MPEG-4. ISO/IEC JTC1/SC29/WG11 N2724, março de 1999.

[39] G. Sullivan, P. Topiwala e A. Luthra, "The H.264/AVC Advanced Video Coding Standard: Overview and Introduction to the Fidelity Range Extensions", SPIE Annual Conf. Apps. of Digital Image Processing XXVII, 2004, pp. 454-74.

[40] A. Ortega, "Variable Bit Rate Video Coding. Em Compressed Video over Networks", M.-T. Sun e A. R. Reibman, Eds. Marcel Dekker, 2001, cap. 9, pp. 343-

382.

[41] V. Vladimir, e D. Gyorgy, "Multicast Scheduling for Scalable Video Streaming in Wireless Networks," Proc. In MMSys'10, Phoenix, Arizona, EUA, fevereiro de 2010.

[42] N. Chilamkurti, S. Zeadally, e H. Chaouchi, "Next-Generation Wireless Technologies: 4G and Beyond", Springer, Londres, 2013.

[43] W. Hrudey, e Li. Trajkovic, "Mobile WiMAX MAC and PHY layer optimization for IPTV", Journal of Mathematical and Computer Modeling, Elsevier, Vol.53, pp. 2119-2135, 2011.

[44] IETF, "Y.1541 QoS model for networks using Y.1541 QoS classes draft", Relatório Técnico, http://tools.ietf.org/html/draft-ietf-nsis-y1541-qosm-07

[45] J. Zander, S. Kim e M. Almgren, "Radio Resource Management for Wireless Networks", Artech House, 2001.

[46] D. Zhao, X. Shen, e J. W. Mark, "Radio resource management for cellular CDMA systems supporting heterogeneous services," IEEE Transactions on Mobile Computing, vol. 2, No. 2, pp. 147-159, 2003.

[47] J. Zhang, J. Huai, R. Xiao e B. Li, "Resource management in the next generation DS-CDMA cellular networks", IEEE Wireless Communications, vol. 11, pp. 52-58, agosto de 2004.

[48] H. Jiang, W. Zhuang e X. Shen, "Cross-layer design for resource allocation in 3G wireless networks and beyond", IEEE Communications Magazine, vol. 43, pp. 120-126, Dez. 2005.

[49] A.M. Viterbi e A.J. Viterbi, "Erlang Capacity of a Power Controlled CDMA System", IEEE Journal on Selected Areas in Communications, vol. 11, pp. 892-900, agosto de 1993.

[50] J.S. Evans e D. Everitt, "Effective Bandwidth-Based Admission Control for Multiservice CDMA Cellular Networks", IEEE Transactions on Vehicular

Technology, vol. 48, pp. 36-46, janeiro de 1999.

[51] S. Lin, D. Costello, e M. J. Miller, "Automatic-Repeat-Request Error-Control Schemes," IEEE Communications Magazine, vol. 22, Dec. 1984, pp. 517.

[52] S. Lin e D.J. Costello, "Error Control Coding," Segunda Edição. New Jersey: Prentice-Hall, 2004.

[53] X. Liu, E.K.P. Chong, e N.B. Shroff, "Opportunistic transmission scheduling with resource-sharing constraints in wireless networks," IEEE Journal on Selected Areas in Communications, vol. 19, Oct. 2001, pp. 2053-2064.

[54] T. Issariyakul e E. Hossain, "Channel-quality-based opportunistic scheduling with ARQ in multi-rate wireless networks: modeling and analysis", IEEE Transactions on Wireless Communications, vol. 5, abril de 2006, pp. 796-806.

[55] Q. Zhang, W. Zhu, e Y.-Q. Zhang, "End-to-End QoS for Video Delivery Over Wireless Internet", Proceedings of IEEE, vol. 193, Jan. 2005, pp. 123134.

[56] S. Pandey, Y. Won, J. Hong, e J. Strassener, "Dimensioning internet protocol television video on demand services", International Journal of Network Management, Vol.21, No.6, 2011, pp. 455-468.

[57] A. Shehu, A. Maraj e R. Mitrushi, "Analysis of QoS requirements for delivering IPTV over WiMAX technology", Proc. International Conference on Software, Telecommunications and Computer Networks (SoftCOM), 2010, pp. 380-385.

[58] A. Shehu, A. Maraj e R. Mitrushi, "Estudo de diferentes parâmetros que afectam a QoS em sistemas de IPTV", Proc. Conferência Internacional sobre Telecomunicações e Informação (WSEAS), 2010.

[59] W. Hrudey, e Li. Trajkovic, "Streaming video content over IEEE 802.16/WiMAX broadband access", Proc. OPNETWORK. Washington, DC, 2008.

[60] R. Gill, T. Farah, e Li. Trajkovic, "Comparison of WiMAX and ADSL performance when streaming audio and video content", Proc. OPNETWORK 2011, Washington, DC, agosto de 2011.

[61] S. Bhunia, I. Misra, S. Sanyal, e A. Kundu, "Performance study of Mobile WiMAX network with changing scenarios under different modulation and coding", International Journal of Communication Systems, 24, pp. 10871104, 2011.

[62] P. Gopala, e H. Gamal, "Opportunistic multicasting," Proc. In Signals, Systems and Computers Conference, pp. 845-849, Nov. 2004.

[63] W. Kuo, T. Liu e W. Liao, "Utility-based resource allocation for layer-encoded IPTV multicast in IEEE 802.16 (WiMAX) wireless networks," inProc. IEEE ICC, 2007, pp.1754-1759

[64] W.-H. Kuo,W. Liao, e T. Liu," Adaptive Resource Allocation for Layer- Encoded IPTV Multicasting in IEEE802.16 WiMAX Wireless Networks," IEEE Transactions on Multimedia, vol.13, No.1, Feb.2011.

[65] J. Kim, J. Cho, e H. Shin, "Layered resource allocation for video broadcasts over wireless networks," IEEE Trans. Consum. Electron, vol. 54, no. 4, pp. 1609-1616, Nov. 2008.

[66] J. Shi, D. Qu, e G. Zhu, "Utility maximization of layered video multicasting for wireless systems with adaptive modulation and coding," in Proc. IEEE ICC, 2006, vol. 11, pp.5277-5282.

[67] C.-W. Huang, P.-H. Wu, S.-J. Lin, e J.-N. Hwang, "Layered Video Resource Allocation in Mobile WiMAX Using Opportunistic Multicasting," Proc. IEEE Wireless Comm. and Networking Conf., Abr.2009.

[68] C.-W. Huang, S.-M. Huang, P.-H. Wu, S.-J. Lin, e J.-N. Hwang," OLM: Opportunistic Layered Multicasting for Scalable IPTV over Mobile WiMAX," IEEE Transactions on Mobile Computing, vol.11, No.3, Jan.2012.

[69] C.-T. Tsai, R.-H. Jan, e C. Chen, "Optimal modulation and coding scheme allocation of scalable video multicast over IEEE 802.16e networks," EURASIP Journal on Wireless Communications and Networking, 2011.

[70] H. Chi, C. Lin, Y. Chen, e C. Chen, "Optimal rate allocation for scalable video multicast over WiMAX," in Proc. IEEE ISCAS, maio de 2008, pp. 18381841.

[71] C. Hwang e Y. Kim, "Um método de modulação adaptativo para comunicações multicast de dados hierárquicos em redes sem fios", em Proc. IEEE ICC, Vol. 2, 2002, pp. 896-900

[72] J. Liu, B. Li, Y. T. Hou, e I. Chlamtac, "Dynamic layering and bandwidth allocation for multisession video broadcasting with general utility functions," inProc. IEEE INFOCOM, Vol. 1, 2003, pp. 630-640.

[73] J. Kim, J. Cho e H. Shin, "Resource allocation for scalable video broadcast in wireless cellular networks," in Proc. IEEE WiMob, Vol. 2, Aug. 2005, pp. 174-180.

[74] J. Kim, J. Cho, e H. Shin, "Layered resource allocation for video broadcasts over wireless networks," IEEE Trans. Consum. Electron., vol. 54, no. 4, Nov. 2008, pp. 1609-1616.

[75] J. Shi, D. Qu, e G. Zhu, "Utility maximization of layered video multicasting for wireless systems with adaptive modulation and coding," in Proc. IEEE ICC, Vol. 11, 2006, pp. 5277-5282.

[76] I. Shayea, M. Ismail, J. Sultan, N. Misran e H. Mohamad, "Spectral efficiency of mobile WiMAX networks employing adaptive modulation and coding", Communications (MICC), 2011 IEEE 10th Malaysia International Conference on , vol., n.º, Out. 2011, pp.33-38.

[77] A. Kundu, I. Misra e S. Sanyal, "Análise do desempenho da rede WiMAX cognitiva para vários MCS", Conferência da Índia (INDICON), 2014 Anual IEEE, vol., n.º, Dez. 2014, pp.1-5.

[78] J. Kim, K. Kim, J. Jeong e Ch. Kang, "Cross-layer design of adaptive modulation and coding for multicast system with random network coding", EURASIP Journal on Wireless Communications and Networking, 2014.

[79] H. Wang, Y. Jiang, B. Daneshrad e B. Fette, "Melhorando a eficiência espetral da rede MIMO Ad Hoc via empacotamento MCS guloso", Proc. Da Conferência de Comunicação Militar do IEEE (MILCOM), Baltimore, MD, 2014, pp. 904-909.

[80] M. Javaid, "5G Technologies: Fundamental Shift in Mobile Networking

Philosophy," Nov. 2013, Disponível em SSRN: http://dx.doi.org/10.2139/ssrn.2387193

[81] U. Dalal, e Y. Kosta, "WiMAX New Developments," InTech, Dez. 2009.

[82] A. Abdennour, "VBR Video Traffic Modeling and Synthetic Data Generation Using GA-Optimized Volterra Filters", International Journal of Network Management, Vol.17, 2006, pp. 231-241.

[83] K. Salah, J. Hamodi, Z. Baig, e F. Al-Haidri, "Video on Demand (VoD) Deployment over Hospitality Networks," International Journal of Network Management, Vol. 22, No. 1, 2012, pp. 65-80.

[84] H. Lee, T. Kwon e D. Cho, "An enhanced uplink scheduling algorithm based on voice activity for VoIP services in IEEE 802.16d/e systems", IEEE Communications Letters, Vol.9, No.8, 2005, pp. 691-692.

[85] So-In. Chakchai, R. Jain, and A. Al-Tamimi, "A Scheduler for Unsolicited Grant Service (UGS) in IEEE 802.16e Mobile WiMAX Networks", IEEE Systems Journal, Vol.4, No.4, 2010, pp. 487-494.

[86] Ch-H. Hsu, "Efficient mobile multimedia streaming," Proc. in ACM SIGMultimedia Records. Volume 2, n.º 1, 2010.

[87] Li. Peilong, Zh. Honghai, Zh. Baohua, e R. Sampath, "Scalable video multicast with adaptive modulation and coding in a broadband wireless data systems," IEEE/ACM Trans.Netw, Vol. 20, No.1, 2012.

[88] "The Scalable Video Coding Amendment of the H.264/AVC Standard," Disponível em http://ip.hhi.de/imagecom_G1/savce/

[89] Q. Liu, S. Zhou e G. Giannakis, "Combinação entre camadas de modulação adaptativa e codificação com ARQ truncado em ligações sem fios", IEEE Trans. Wireless Commun., Vol. 3, No.5, 2004, pp. 1746-1755.

[90] CG. Kang, SH. Park, e JW. Kim, "Design of adaptive modulation and coding scheme for truncated hybrid ARQ," Wireless Personal Commun., Vol. 53, No. 2, 2010,

pp. 269-280.

[91] Eichhorn, e P. Ni, "Pick your Layers wisely - A Quality Assessment of H.264 Scalable Video Coding for Mobile Devices," IEEE Int. Conf. on Communications, junho de 2009, pp. 1-6.

[92] Hellge, T. Schierl, J. Huschke, T. Rusert, M. Kampmann, T. Wiegand, "Graceful Degradation in 3GPP MBMS Mobile TV Services using H.264/AVC Temporal Scalability," EURASIP Journal on Wireless Communications and Networking, Jan. 2009.

[93] S. Calo, M. Easton, "A broadcast protocol for file transfers to multiple sites," IEEE Trans. Commun, Vol. 29, No. 11, 1981, pp. 1701-1707.

[94] S. Srikanth, P. Pandian, e X. Fernando, "Orthogonal frequency division multiple access in WiMAX and LTE: a comparison," Communications Magazine, IEEE , vol.50, no.9, Sep. 2012, pp.153-161.

[95] K. Feher, "Wireless Digital Communications: Modulation and Spread Spectrum Application", Prentice-Hall, 1995.

[96] I-S. Hwang, B-J. Hwang, e R-R. Su., "Maximizing Downlink Bandwidth Allocation Method Based on SVC in Mobile WiMAX Networks for Generic Broadband Services", ISRN Communications and Networking, 2011.

Printed by Books on Demand GmbH, Norderstedt / Germany